头脑风暴

塑造超强大脑的侦探游戏

吴建新 / 编著

中国法制出版社
CHINA LEGAL PUBLISHING HOUSE

图书在版编目（CIP）数据

头脑风暴．塑造超强大脑的侦探游戏 / 吴建新编著．—北京：中国法制出版社，2021.6

ISBN 978-7-5216-1764-1

Ⅰ．①头… Ⅱ．①吴… Ⅲ．①智力游戏 Ⅳ．① G898.2

中国版本图书馆 CIP 数据核字（2021）第 052422 号

策划编辑：李　佳（amberlee2014@126.com）

责任编辑：李　佳　　封面设计：汪要军

头脑风暴．塑造超强大脑的侦探游戏

TOUNAO FENGBAO. SUZAO CHAOQIANG DANAO DE ZHENTAN YOUXI

编著 / 吴建新

经销 / 新华书店

印刷 / 三河市紫恒印装有限公司

开本 / 880 毫米 ×1230 毫米　32 开　　印张 / 6.75　字数 / 140 千

版次 / 2021 年 6 月第 1 版　　2021 年 6 月第 1 次印刷

中国法制出版社出版

书号 ISBN 978-7-5216-1764-1　　定价：36.00 元

北京西单横二条 2 号　邮政编码 100031　　传真：010-66031119

网址：http://www.zgfzs.com　　**编辑部电话：010-66054911**

市场营销部电话：010-66033393　　**邮购部电话：010-66033288**

（如有印装质量问题，请与本社印务部联系调换。电话：010-66032926）

前言

在当今这个时代，大家在学习或工作中，遇到的最大困惑可能就是脑力不够的问题。锻炼出能适应现代社会高强度工作、快节奏生活的超强大脑，也许是每个人的心愿。那么如何能锻炼出这样的超强大脑呢?

首先，要持续地刻苦学习，头脑中的知识要积累到一定的量，现在流行的“10000小时”学习定律说的就是这个道理。其次，光有知识是不够的，知识是死的，怎么运用好才是关键。正所谓“读万卷书不如行万里路”。一个有趣而高效的提升我们运用知识能力的方法，是学习古今中外的侦探故事。透过扑朔迷离的案情，分析隐藏在暗处的线索，用一番缜密的推理，揭开案情背后的真相……那些大侦探往往具有超级思维方式和处理复杂难题的能力，要想变得像他们一样，就需要我们认真揣摩学习他们分析问题的方法和思路。

侦探小说动辄上万字，长篇的都在几十万字，这往往会使一些没有时间细细品尝这些“大餐”的读者望而却步。有人说中国的侦探小说不如外国的那样丰富。从柯南·道尔到阿加莎，从爱伦·坡到钱德勒，这些欧美侦探小说家的作品长销不衰，用侦探的思想和精神敲击着全世界读者的心灵，而日本近代以来大量接受西方思想，其侦探小说作家辈出，远至江户川乱步、小栗虫太郎，近至东野圭吾，以及开创“社会派推理”的松本清张等作家，他们的作品长期占据着各大网站畅销小说作品榜。其实，中国古代就有许多“公案小说”，塑造出了包拯、狄仁杰等鲜活的大侦探形象，这种传统也正通过中国新一代侦探小说家的不懈努力而传承着。

本书精选的侦探小故事和小游戏，可以有针对性地提升你的细节观察、归纳总结、心理剖析、记忆回溯、发散思维、想象再造、科学判断、临场应变等能力。为了提升大家在做这些侦探游戏时的体验感，我们将大多数故事的发生背景都设定在了现代的中国，每一章前面还介绍了侦探技巧知识，告诉大家怎样有效地去解答这些侦探难题。

也许你不会选择侦探作为自己的职业，但你有时可能会面对一些复杂难解的问题，需要侦探思维的帮助；也许你不会成为职业侦探小说作家，但你可以将一些侦探破案中的巧妙构思用在自己的作文或是讲演中。我们最终还是要面对升学考试、入职测试等人生中的一道道坎。现代的侦探不是传说中的侠客，可以带着你一跃千丈，轻松找到武林秘籍，他只能告诉你要逐步锻炼自己的大脑，提高自己的逻辑思考、发散思维、想象再造、随机应变等能力，而这些才是你自己的真本领、真功夫。我们认为本书的作用主要就是这些，至于其他我没有发现的价值，还希望你看过本书后，能够亲自告诉我们。

目录

第一章

体察入微，提升细节观察能力

技巧简介：抓住那些最容易被忽略的蛛丝马迹

所谓细节，就是指一些细小的、容易被忽略的事物。警察破案时，往往通过一根细小的头发，就能够决定整个案件的走向。日常生活中，我们在处理问题时，很容易忽略掉一些细节，这样无疑会妨碍我们的思考。处理好细节，就等于成功了一半。

要捕捉案件中的细节，首要的是培养自己的观察力。观察力被认为是出色的侦探必须具备的一种素质。面对形形色色的案件，如果我们缺乏敏锐的观察力，就会错过那些最不容易被发觉的蛛丝马迹，更有可能被狡猾的犯罪分子误导，被现场的一些假象迷惑，这些都将让我们离真相越来越远。

也正是因为这样，我们才有必要不断地训练自己的观察力，好让自己能够拥有一双“火眼金睛”，从而能在复杂的问题中把握最为关键的信息。

看过福尔摩斯侦探小说的人也许会记得这样一个片段：

福尔摩斯观察过一只烟斗后，对烟斗主人的特征进行了推测：“(他)显然是一个身强力壮的人，惯用左手，一口好牙齿，粗心大意，经济富裕……”

助手华生听后，将信将疑地问道："你认为他用一只价值七先令的烟斗吸烟，能是一个有钱的人吗？"

福尔摩斯笑了笑，给他解答了疑惑。原来，福尔摩斯注意到烟斗中的烟丝价格昂贵，比上等的香烟还要贵一倍，可见烟斗主人比较阔绰。

另外，烟斗主人可能有在油灯、煤气喷灯上点烟斗的习惯，又比较粗心，所以烟斗的一侧已经烧焦了，如果用火柴点烟斗就不会出现这样的情况。而且烟斗只有右侧被烧焦，可见此人惯用左手；再加上烟斗的琥珀嘴已经被咬穿，说明此人身强力壮、牙齿坚固……

没过一会儿，烟斗的主人就出现在他们面前，华生看到他体格健壮，穿着讲究，又有一口好牙齿，才不得不承认福尔摩斯的推测是正确的。

福尔摩斯能够从一只小小的烟斗出发，准确地推测出烟斗主人的各种特征，靠的就是他敏锐的观察力。他没有受到烟斗本身价值和新旧程度的影响，而是紧紧抓住那些最容易被人忽略的地方，进行了深入细致的观察，所以他能够比一般人看到更多的东西，理解得更深，也更能够把握案情的关键。

如此出色的观察和推理能力，对于我们来说，似乎有些可望而不可即，但事实上，观察力是可以通过不断训练加以提升的，只要能够按照正确的方法坚持训练，我们也可以拥有较强的观察力。

为此，我们应当从以下几点做起：

1.要带着明确的目的去观察。

“观察”与“观看”有本质的区别。“观看”只是让物体进入视野，但因为缺乏明确的目的，我们不知道该抓住哪些特征，在视线离开物体后，脑海中可能没有留下什么清晰的印象。

可“观察”的过程却截然不同，我们会带着目的和任务有意识地搜索需要的信息，因而能够避免无效的“观看”。所以我们平时应当经常提醒自己，多进行有目的的观察。时间长了，我们就会养成善于观察的好习惯，对人、事、物的认识都会更加全面、准确。

2.要按照一定的顺序去观察。

根据观察的目的，我们还可以进一步确定观察的顺序，比如可以按照方位顺序由左到右、由前到后、由外向内观察；也可以先观察整体特征，再观察局部特征，最后仔细观察细节特征，这样就能够避免遗漏有价值的信息。

3.要集中注意力去观察。

注意力与观察力息息相关，在注意力高度集中的时候，我们的感官和思维会指向同一对象，能够暂时忽略其他对象，此时进行观察，就更能够获得对事物的清晰、深刻和完整的印象。

相反，若是注意力不集中，我们的感觉、知觉就会受到众多对象的干扰，观察的结果也会出现不全面、不准确的问题。

4.要调用多种感官去观察。

美国心理学家玛利亚·康尼科娃博士认为：有意识地使用每种感官不仅能充分捕捉犯罪现场的特征，还能显示出某种情境下经常被遗忘的内容——什么东西不在这儿，什么东西本应该出现。

这提醒了我们在观察事物时，不仅应当充分运用自己的双眼，还要合理调用其他感官进行全方位感知，之后我们可以综合听觉、嗅觉、味觉、触觉获得的信息，就能更加准确地把握事物了。

5.要带着好奇心去观察。

好奇心也是提升观察力的重要因素，当我们对某一事物充满好奇心时，就会对该事物产生浓厚的兴趣，也会自发地认真观察这个事物，以便获得更多信息来满足自己的好奇心。

除了上述几点之外，为了提升观察力，我们在平时还要注意做好知识和经验的积累。这样在观察的时候我们才会立刻意识到应该重点观察什么、记录什么、与什么进行对比等，从而让观察变得更有效率，也能更好地指导我们的工作、学习和生活。

侦探游戏：把握细节，深入洞察

1. 巧抓小偷

开启游戏

“有人偷东西，快抓住他！”

傍晚时分，在一条小街上，一名身穿丝绸连衣裙的摩登女郎，双手捂着自己的挎包高声喊叫。她刚才感觉到有人在翻动自己的挎包，于是产生了警觉。

正在不远处巡逻的警察听到了喊叫声，立刻跑来，顺着女子指的方向看到一个黑影正沿着小街向远处跑去。女子大声说道：“就是他，就是他，这个小偷！”

警察立刻朝着那个黑影追了过去。可是天色已经黑了下来，警察在后边看不太清方向，只是跟着前面的黑影左拐右拐。跑过好几条街后，那个小偷的速度渐渐慢了下来，警察在后面高喊：“站住！不许跑！”

眼看就要追上这个黑影了，他却突然又一转弯，消失在旁边的一条小路上。等警察也拐进这条小路时，发现前面已经不见了小偷的踪影，于是四处查看，发现小路上只有一家牛肉面馆还在营业，其他店铺都已经打烊了，小偷应该就是跑进了这家面馆。

警察气喘吁吁地跑进面馆，发现店内客人不多，有人正在看墙上的电视，电视上正在播放侦探剧；还有人手指上夹着根烟，正在悠闲地吸着；坐在墙边的那个小伙子正在狼吞虎咽地吃面；还有个人正拿着手机打电话，声音很大，好像想让全世界的人都知道他家里的那点事儿。

警察略一沉思，便走到其中一个人面前，拿出手铐立即把他双手铐了起来。

那人连忙高喊："你怎么随便抓人哪？"

警察笑着说："别装了，你这点小把戏，我早就看穿了。"

请问警察抓的是哪个人，他又是观察到小偷的哪个细节才做出判断的？

头脑发动机

警察抓的是那个正在狼吞虎咽吃面的人。小偷在被警察一连追了好几条街道后，体力渐渐不支，于是只好躲进了小店。小偷在跑了很久之后立即坐下来，一定是满头大汗、气喘吁吁，而狼吞虎咽地吃面正是为了掩饰他的真实状态。

2. 雪夜盗贼

开启游戏

今年冬天来得很早，第一场雪给还穿着单薄衣衫的人们来了个措手不及。雪下得很大，整座城市都覆盖上一层银白色。但正是这初雪的夜晚，城中最大的一家珠宝店被盗。

警方立刻在全城展开了调查，可排查了一整夜也没有收获。第二天清晨，下了一夜的雪终于停了，城市也恢复了往日的繁忙景象。奋战了一夜的警方将排查目标锁定在郊外的棚户区，并发现了一个可疑对象：一名单身男子，一个月前刚来到本市，并在此租了一间平房。

这间平房从外表上看与其他房子没有什么区别，房子的屋檐上挂着几根长长的冰凌。一阵敲门声过后，从屋里传来男子低沉的声音："谁啊？"

"快开门，警察！"

一张疲惫的脸从门后露了出来，眼睛快速打量了一下门外的警察，问道："你们有什么事吗？"

"例行排查。昨天晚上你在哪儿？"

"我前两天去外地跑一批货，今天早晨刚回来，睡了不到一小时就被你们吵醒了，还让不让人活了！"说着这名男子伸了伸懒腰。

门口的警察向屋里瞄了一眼，除了简单的床铺之外，没有看到可疑物品——他应该另有藏匿赃物的地点，若是贸然冲进去，找不到证据将很棘手。这时警察用眼角的余光看到了平房的房檐，发现上面挂有几根长长的冰凌，于是厉声对屋内看起来若无其事的男子厉声喝道："你在撒谎！"

"怎么？"男子先是愣了一下，随即又恢复了镇定，"你们警察可不能冤枉好人啊！"

"哼，还想狡辩！"警察随即将自己的发现跟男子说了出来，男子听后只得低头承认了罪行。

聪明的读者，你知道警察是凭借哪个细节识破男子谎言的吗？

头脑发动机

要甄别出破案的关键信息，必须进行认真仔细的观察，找出细节。警方是在案发后的第二天早上赶到嫌疑人的住所的，这时大雪初停，积雪未融。而警察发现这间平房的屋檐上挂有几根长长的冰凌，于是推断，夜里一定有人在房内使用过电暖炉、电暖器之类的设备取暖，从而导致房屋内外产生较大的温差，屋檐上才会结冰凌。而警方之前已查明这间房子只有犯罪嫌疑人一人居住，在对他进行询问时，他却说自己两天前就出门到外地去了，早上刚回来还不到一个小时。这明显和事实不符，证明他是在说谎。

3. 超市中的伞

开启游戏

傍晚时分，一个黑色身影从好嘉超市二楼角落里的垃圾箱中爬了出来。他戴着鸭舌帽，将脸紧紧遮住，小心翼翼地沿着墙边前行，尽量避开墙上的监控。虽然他知道，这些监控有的已经坏了，并且到了晚上超市值班人员也不太可能一直盯着监控看，但为了不留下痕迹，他还是非常谨慎。毕竟，为了这次行动，他准备了很长时间，摸清了超市晚间闭店时间，以及保洁员倾倒垃圾的规律，才选择在这个超市作案。

他看了看窗外，雨开始噼里啪啦地下起来了，看这势头，可能会下一整晚，那就更不会有人来干扰自己了。想到这里，他心里一阵高兴，先快步来到高档酒水货架前，将最值钱的那些酒撕掉条形码后装到自己准备好的袋子中……到了凌晨四点多的时候，忙活了一夜的他感到很疲惫，准备回到垃圾箱中休息一下，打算等早上超市开门后，混在人群中离开。这时他注意到雨点打在窗户上的声音，这雨一点停的迹象也没有，也许还要下一整天……于是，他想到要是早晨从超市出去，大家都会打着伞，就我没有伞，那不是会引起别人的怀疑吗？想到这里，他便回到百货货架前，拿了一把彩虹伞。他的衣服和袋子本来都是灰色的，但今天不同了，他希望自己的心情以后也能像这把彩虹伞一样缤纷炫丽。

早晨，超市开门很早，抢购促销品的人们蜂拥而入。他混在人群中，表情自然，一手拿着包裹严实的袋子，一手拿起彩虹伞，向店外走去。就在他要走出超市大门的时候，身后突然响起保安的声音："站住！拿彩虹伞的那个人！"

他全身一颤，内心开始变得慌乱起来：是自己哪里不对劲所以被看穿了吗，难道自己应该拿一把黑色的伞吗？

聪明的读者，你知道他是哪里不对劲才被保安看穿的吗？

头脑发动机

他引起保安的注意，正是因为拿了这把彩虹伞，但并不是因为这把伞的颜色，而是因为超市外面一直在下雨，进出超市的顾客拿着的伞都是湿漉漉的，而这把从超市货架上拿的伞，却是干的。这就说明他不是当天从外面进入超市的，从而暴露了他昨晚潜伏在超市。

4. 冰钓事故

开启游戏

"说说吧，你的朋友是怎么掉到湖里的？"警官倚在贴满报纸的墙边，看着土炕上那个哆哆嗦嗦的男人。

这个男人把裹在自己身上的被子又裹紧了些，然后说道：

“今天下午，我们一起来这边的野湖钓鱼，正钓着，哪承想他坐的那块冰面突然就裂开了，他一下子掉了下去。我看情况不好，来不及脱衣服就跳了下去，想把他拉上来，可在水下怎么也找不到他，便赶紧上岸跑到这个农家院求救，后来听说他们把他的尸体捞上来了。唉，太惨了！”

警官将目光转向蹲在地上的农民，他正在抽着旱烟袋，问道：“他说的都属实吗？”

“对着呢，人都被泡白了，我们几个用渔网才把他捞上来。”

“你能把今天下午的事再回忆一遍吗？”

“今儿个天太冷了，我们正在屋里烤火，忽然听到院里的狗叫，出门一看就瞧见他一个人在外面。”农民边说话边用旱烟袋指了一下土炕上哆哆嗦嗦的那个男人，“全身湿漉漉的，我问是怎么回事，他说有人掉野湖里了，让我们帮忙去救。后来人捞上来时已经没气了，吓得我们赶紧报警。”

“出事地点到你家有多远？”

“三里多地，不近。”

听到这里，警官“啪”的一声，合上了手中的笔记本，对着土炕上的那个男人厉声说道：“别装了，快如实交代你是怎样害死自己朋友的吧！”

那个男人仍是一脸无辜相，可等警官道出了他的破绽之后，他也只能低头认罪。

聪明的读者，你知道警官看穿了他哪里有破绽了吗？要特别注意案件中的细节啊。

头脑发动机

我们要注意在农民的陈述中，有一个不太起眼的细节描述——“全身湿漉漉的”。一般人听后也许会不以为意，认为那个男人跳下去救人了，浑身是湿的再正常不过了。可我们要结合当时的天气、求救的路程等因素综合考虑。据农户说，当时天气很冷，而事发地点距离这个农家院有三里多地，也就是1500多米的距离。在这么冷的天气下，跑这么远的距离，男人衣服上的水早就该冻成冰了。由此可见，这个人应该是在将朋友推下河后，跑到农家院附近后才往自己身上泼了些水的，企图伪装一副曾下湖救人的模样。可恰恰是这个细节，让警官识破了他的把戏。

5. 沙漠英雄

开启游戏

“狄升，这次同学聚会你可一定要来啊，大家都好几年没见了。”电话那边传来当年班花的声音。

“好的，我尽量。”警长狄升一边沿着街边往家走，一边打着电话。他心里感叹：这些同学没事总爱搞聚会，不过这次是为了纪念毕业十周年，自己也该出席一下。

“对了，这次咱们班那个富二代也会来的。”

“哪个啊？”

“就是那个张雷，他们家厂房拆迁后不卖塑料盆了，改收租金了。”

狄升笑了笑，没有回答。

周六的金碧华大酒店凤竹厅中，觥筹交错，狄升坐在一群穿得花花绿绿的男女同学间，感到有些不自在。当然大家除了互相寒暄之外，都把更多的关注放到了坐在正中间那个黑瘦小子身上。

“张雷，你太厉害了，不仅事业做得风生水起，还去沙漠做公益，你真是我们班的楷模！”

“那是，张总在沙漠种了好多树，我们这儿空气质量这么好，多亏了他的付出，他就是沙漠英雄！”

张雷摆了摆手，让不住恭维自己的同学都先安静下来——他还嫌这把火不够旺，要再添一把柴，便说道：“不瞒大家，我啊，昨天才刚从沙漠回来，就为了赶上这次同学聚会。可不像有些人，官做得没多大，还得让人三请五请的。”他说话间瞥了一眼坐在斜对面的狄升。

在众人的哄笑声中，张雷继续说道：“我这次在沙漠待了整整三个月，那一身的土啊，空姐差点没让我上飞机，嫌我超重，哈哈。”

“呵呵，张总，你真是太幽默了，”一旁的班花娇滴滴地说，“我看张总挺帅的嘛！”

“那是，昨天我在宾馆好好洗了个澡，你们是不知道，我这几个月都没刮过胡子，怕吓着你们，昨天刚把络腮胡子刮掉了。”

“哦，那可真是可惜！”

注视着张雷黝黑的面孔，耳边尽是同学们奉承的话语，狄升再也忍不住了。他咳嗽了一声，说道：“以前大家是装大款，现在有钱人都开始装做慈善了吗？”

狄升这么一说，可把张雷惹毛了：“狄升，你把话讲清楚，我怎么装做慈善了？”

狄升接着不紧不慢地说出了自己的分析，全场顿时安静下来。你知道狄升发现了什么秘密吗？

头脑发动机

张雷声称自己在沙漠待了三个月，留着络腮胡子，直到昨晚才刮掉。但他的面孔黝黑，如果他真的在沙漠中待了三个月一直没刮胡子，那么他的下巴在刮完胡子后就应该是格外白净的。

6. 啤酒瓶子

开启游戏

“一不做，二不休，现在只能这样了。”

张田擦了擦头上的冷汗，用颤抖的手将那个白色纸袋放到自己的裤兜里，随即走出欧式风格的豪华出租屋，迈向漆黑的夜色中。

张田来到了公司会计刘明住的公寓楼下——一栋很破旧的楼。他在心中又将计划盘算了一遍，确认应该没有纰漏：下星期公司要进行财务审计，发现会计刘明挪用巨额公款后畏罪自杀，没人会产生任何怀疑的。

刘明的房间很狭小，都三十大几了还是一个人生活。这会儿他正喝着啤酒，看电视转播的球赛。

“哟，张田呀，什么风把你给吹来了？”看到走进房内的张田，刘明热情地打着招呼。

张田不自然地笑了笑，赶紧编了个瞎话：“当然是好事啊。我有个同学，托我给他表妹介绍对象，我第一个就想到了你。”

“得了吧，有这好事你自己不先占上，还轮得到我？”刘明虽然嘴上这么说，但笑容已经浮现在脸上。他从茶几上拿起一只玻璃杯，客气地给张田也倒上了一杯酒，接着又想把自己的大半杯酒顺便添满，发现手里这瓶啤酒已经倒光了，便起身走到门旁，打开冰箱又去取一瓶啤酒。

趁这工夫，张田迅速掏出裤兜中的白色纸袋，将里面包着的粉末倒入刘明的酒杯后，迅速摇晃了几下杯子。脸上已经有些泛红的刘明回来后并未察觉，只是自顾自地把自己的酒杯添满了。

“来，走一个！”二人碰了一下杯后各自喝了起来。但刘明只喝了一口，就放下了酒杯，用手狠狠抓着自己的胸口，似乎要把什么东西撕开一样。这样的痛苦持续了一会儿后，他就一头栽倒在茶几上，砸倒了上面的空酒瓶。

随着酒瓶“啪”的一声摔碎在地上，张田感到如释重负——

自己终于找到了替罪羊。

张田检查了一下刘明的鼻息，确认已经死亡后，他便马上到洗手盆那里，将自己用过的杯子冲洗干净，再小心地放回到茶几上，然后又十分小心地清除门把手、沙发、茶几等处自己留下的指纹。茶几上就只留下了刘明的酒杯和刚打开的那瓶啤酒，那上面都有刘明的指纹，甚至连装毒药的纸袋，也被张田拿着刘明的手印上了指纹，放到了茶几上。一切都设计得如此完美，即便没有遗书，大家也一定会认为刘明是因害怕贪污公款事件败露而服毒自杀的。想到这里，张田的嘴角露出了微笑。

最后，张田又把地板上摔碎的啤酒瓶子，用塑料袋装好，扔到了楼下的垃圾桶里，便哼着小曲儿离开了，途中没有遇上任何人。

第二天，刘明的尸体被人发现，警方根据茶几上剩余的啤酒，断定这是一起谋杀案，着手展开调查。第三天，张田便落网了，他不明白杯中的啤酒明明是刘明自己开了一瓶后倒的，怎么会成为断定他杀的证据呢？难道真的是冥冥之中自有天数吗，警方到底是注意到了什么细节？

头脑发动机

张田把摔碎的酒瓶带走，自以为清理了现场，其实反而留下了破绽。刘明往自己还剩大半杯酒的杯子里倒了一点儿新打开的那瓶啤酒，之后只喝下了一口就死了。因此，酒杯里所剩的啤酒的量，要比酒瓶里倒出的量多出一些，而案发现场又没有其他的空酒瓶，警方由此断定空啤酒瓶一定是被凶手转移了，于是便按照谋杀案的性质进行侦破。

7. 李老根

开启游戏

“警长，这下你可又立大功了！”警员小张来到警长狄升的办公桌前，笑呵呵地说道。

“先别急着庆功，我们这次虽然抓住了这个穷凶极恶的特大盗窃团伙的一个成员，但毕竟团伙头目还未落网，”狄升一直将头埋在桌子上的一堆文件中，这时才抬起头，在椅子上轻吁了一口气，坚定地说道，“擒贼还是要先擒王的！”

“是那个李老根吗？”小张问。

“是的，过会儿你跟我去调查一下李老根可能接触过的人，再找找线索。”

半小时后，一辆黑色轿车停在了一栋公寓楼前，狄升和小张要去找一个叫刘晓丽的人。

隔着防盗门，里面的人问：“你们是谁？”

狄升回答道：“警察。你是刘晓丽吗，有个案子需要你协助调查。”

防盗门被打开了一道缝，里面站着一个中年女子，头上夹满了卷发筒。

“刘女士，你认识这个叫老根的人吗？”说着狄升将一张照片递到了中年女子的面前。

那女子看了一眼照片，随即答道：“不认识，从来没有见过！”

“我刚从拘留所赶过来，据老根的同伙说，你跟他相识很久了。”狄升追问道。

“说不认识就是不认识！”女子提高了嗓门，显得有些不耐烦。

“包庇罪犯是要受到法律惩处的，请你考虑清楚！”狄升义正词严地说。

“你们骚扰老百姓就不犯法吗？我要告你们去！都跟你们说了我不认识李老根，没长耳朵吗？”说罢，女子用力关了一下门，想要结束这场对话。

可防盗门却被狄升警长的大手拉住了，只见他笑着说道：“很遗憾，刘女士，由于你刚才犯了个小错误，现在请跟我们回警局协助调查吧。”

亲爱的读者，你知道中年女子犯了什么错误吗？

头脑发动机

狄升只给中年女子看了一眼团伙头目的照片，问她认不认识老根，她连忙否认。但她在被追问得失去了耐性之后竟说出了团伙头目的全名，即李老根。就是这个细节暴露了她其实是认识此人的。

8.写生油画

开启游戏

“田女士，这是您正在创作的画吗？看着意境很高啊。”警长狄升站在画架前仔细地欣赏着。画中是夏日阳光下白云飘过的景象，确实令人神往。

“是啊，这幅画我已经连续画了四五天了，一直在天台上写生。”一个身着一袭白色长裙的女子端着两杯红酒走了过来说道。

“您确定这几天一直待在天台上画画吗？”狄升接着问道。

“当然了，你看我的脸都被晒黑了。”女子俏皮地甩了一下她那一头长发，露出有些黑又有些红的脸庞，一看就是在阳光下被晒了很长时间。

这让狄升不禁有些犹豫，因为他正在调查的案子，跟这个女画家有很大的关系。倘若她真的没走出过这栋公寓，那就有些麻烦了。说话间，狄升自然地接过女子手中的红酒杯。忽然，他眉头一皱，似乎意识到了什么。

女子感到有些不自在，低头看了看自己的手——白皙细嫩的手背、修长灵巧的手指、粉红色的指甲，她看不出有什么问题，反而因为自己美丽的双手而更加自信，笑着问道：“狄警官，我的手怎么啦？”

“不好意思，我有些失态，只是从未见过这么漂亮的手，不愧是艺术家。请问您是用右手画画的对吧？”

“是啊，那又怎么啦？”女子微笑着问道。

“我有些奇怪，您在烈日下画了几天画，脸都被晒黑了，左手怎么一点儿也没晒黑？”

“哦，这个嘛……”女子沉吟了一下，随即充满自信地答道，“看来狄警官有时间也要画一下画了，画油画是用左手端着颜料盘的，我的颜料盘是核桃木的，有它挡着左手当然晒不着了……”

说到这里，田女士似乎也察觉到哪里不对劲了，急忙闭了嘴。可狄升却拿起画架旁的颜料盘，在她面前晃了晃，显然他已经发现了破绽。亲爱的读者，你知道破绽究竟是什么吗？

头脑发动机

按照女子的说法，她的左手拇指应该是会被晒黑的。在油画写生时，画家一般都是右手拿画笔，左手端着颜料盘，左手的大拇指扣住颜料盘的露孔，其他四根手指在下面托住颜料盘。这样的话，画家左手大拇指应该是会被晒到的，而女子左手的五根手指都很白，这才引起了狄升的怀疑。

9.突然停电

开启游戏

一大早，警方接到报案，一个珠宝商称他家的保险柜被盗了。于是警察立刻赶往案发现场，珠宝商说他放在二楼书房保险柜里的珠宝被盗窃一空。这些珠宝价值好几千万元，虽然上了财产险，但他还是再三恳请警方尽快抓住盗贼。

警察来到二楼的书房后，发现两扇落地窗敞开着，桌子上有三支烧了一大半的蜡烛，蜡油流了许多。桌子下面还散落着好多文件，地上还有一截绳子，现场有打斗迹象。

珠宝商告诉警察：“昨天晚上，我正在书房里检查这批珠宝，突然就停电了。于是我点了蜡烛，打算继续检查一下。可蜡烛刚点上，门就被风吹开了。我起身去关门，不想这时从窗外爬进来一个人，蒙着面，身材魁梧，身高有一米八几。他一进来就把我推倒在地，我站起来与他搏斗了一番，但不是他的对手，最后被他按倒在地，用绳子绑了手和脚，还堵上了嘴。接着，我眼睁睁看着他拿光了保险柜里的所有珠宝后从窗口又爬了出去。我一直努力地想挣脱掉绳子，但直到今天早晨才成功，便赶紧报了警。警察同志，你们可一定要帮我找回这些珠宝啊！”

警察耐心地听完他绘声绘色的讲述后，环顾了一下四周，突然大笑了起来：“先生，你演戏的本领简直一流，不过还是忽略了一个关键的细节。请如实交代你想骗取保险费的经过吧！”

亲爱的读者，你知道警察说的那个关键的细节是什么吗？

头脑发动机

虽然案发现场经过了精心布置，故意放置了绳子，留下了打斗痕迹，而且根据珠宝商的讲述，昨天晚上突然停电，当时他点了蜡烛照明，然后门突然被风吹开了。但是警察所看到的情况是，书房的落地窗一直敞开着，所以，当时点着的蜡烛应该很快就会被风吹灭，而如果真的是这样，桌子上就不应该出现那么多的蜡油，正是这个不合理的细节暴露了珠宝商在撒谎。

第二章

梳理线索，提升归纳总结能力

技巧简介：从纷乱的线索中理出清晰的头绪

侦破疑案的过程，是一个不断发现信息、收集信息、整理信息、调查取证的过程，也是对纷繁复杂的信息去粗取精、去伪存真、由此及彼、由表及里的分析过程。

要想解决棘手的问题，必须具备归纳总结的能力。任何一件事情的发生，都不是孤立的，总会和其他事件存在关联。在案件之中或是真实的生活中，这些关联往往以隐蔽的方式存在。特别是刑事案件中的线索，看起来就像一团乱麻，缠绕在一起。这就要求我们在遇到这类问题的时候，一定要冷静下来，要逐步厘清这些隐蔽的关联，根据相关的线索认真分析，当案件中的层层关系都理顺了，案情自然也就明朗起来了。

在分析复杂案情时，我们要注意多运用归纳的思维能力。归纳思维指的是从个别的或者特殊的信息之中推理出一般的、普遍的结论的推理方法。

归纳推理有三个基本要点：

首先，要注意，归纳推理用到的前提条件是得出结论的必要条件。也就是说，归纳推理的前提必须是真实的，只有在前提真实的基础上，归纳才有意义。

其次，即使归纳推理的前提是真实的，结论也未必真实，需要我们特别注意推理的方法和过程。

最后，要能够综合多条线索进行推理，从个别的信息中推出一般性结论。对此，大侦探福尔摩斯的一句名言能给我们带来启发："当所有其他的可能性都被排除时，剩下的，无论多么不可思议，都必然是真相。"

侦探游戏：收集线索，步步推进

10.猫与鱼

开启游戏

“狄升，这个纵火杀人案，限你一个星期内破案！”案情分析室里，烟雾缭绕，警察们已经三天三夜没合眼了，可警察局局长今天还是发了火，给警长狄升下了死命令。

“可是局长，这个案子究竟是自杀还是他杀，我们到现在还没有搞清楚。”说着，狄升抬起了瘦削的脸庞。这些天连续作战，他早就“戴”上了重重的黑眼圈。

局长将手里的马克笔狠狠地摔到桌子上，生气地说：“怎么可能是自杀？我了解老胡，他生意做得风生水起，家庭美满幸福，他要是自杀，地球上没几个人能活下去了！”

狄升默默地捡起马克笔，走到画满案件线索的白板前，继续分析案情——三天来他一直在琢磨这些线索，几乎已经可以背诵出来了。其他警察见状，也只好低头忙自己的任务了。局长一屁股坐在椅子上，不再说话。房间里于是安静下来，安静得让狄升感觉能听到自己的心跳声。突然他在白板上的两个图案之间画上了一条横线。是的，案情已经清晰了，原来凶手是用的这个手段。

屋里的其他人都注意到了狄升的变化，纷纷围拢过来。他们看到白板上眼花缭乱的图案与字句，主要包括以下线索：死者是被关在一个密闭的图书仓库中，死者高度烧伤，仓库内没有煤气，电线也没有损坏，而且没有找到火柴、打火机等点火工具。现场还发现了一具猫的尸体，应该是由于仓库没有窗户，而且大门紧闭，也没有猫洞等出口，所以这只猫才无法逃脱火海而被活活烧死。现场还发现一个被烧坏的写字台，应该是办公人员使用的，但没有其他人的尸体，写字台下是一堆碎玻璃。据仓库的工作人员介绍，桌子上原本放了个鱼缸，养了几条小鱼。

大家看了看狄升画的这条线，仍然是丈二和尚摸不着头脑，可狄升却兴奋地对大家说："快，我们现在去现场，有一个关键的线索被漏掉了。"

大家跟着他风风火火地赶到了火灾现场，狄升在地上仔细搜索，终于在地缝中找到一些白色固体颗粒，高兴地对大家说："看，我找到了！"

"这是什么啊？"身旁的局长问道。

"这是熟石灰。"狄升爽朗地回答道。

"哦——"局长一拍自己光秃秃的脑门，也终于明白了。

亲爱的读者，你知道警长狄升在白板上，是将哪两个线索画线关联起来了吗？联系到最后找到的线索——熟石灰，你弄清楚凶手的作案手法了吗？

头脑发动机

面对纷繁复杂的线索，狄升在白板前冷静思考，进而将猫与鱼的线索画线联系起来，通过归纳推理，找到了破案的关键链条。凶手在将被害人打晕后，把他关在这间密闭的图书仓库中，并将这只猫带到仓库中，然后关好仓库门窗，安然离开。不久，猫由于饥饿，便去抓书桌上的鱼缸，使得鱼缸倾倒落下，里面的水正好洒在了凶手事先放在地上的生石灰上。于是，生石灰遇水发生化学反应，生成熟石灰并释放了大量的热量，这样仓库中堆放的书就被点燃了。

11.致命鞋印

开启游戏

“警长，我们已经锁定嫌疑人了，要不要立刻实施逮捕？”警员小张身穿一身休闲装，钻到了公园边的福特商务车中。

坐在驾驶座的警长狄升，推了推墨镜，转头对小张说：“先不急，你先说一下侦查过程。”有着多年办案经验的他明白：越是在侦破大案重案时，突如其来的线索往往越可能掺杂着扭曲虚假的信息，需要先稳一稳，好好梳理一下全部线索，去粗取精，去伪存真，逐步归纳总结才能得出案情的真相。贸然行动只会过早暴露警方部署，从而给狡猾的犯罪分子逃走的机会。

特别是现在这起案件，整个小组的人都在发生命案的公园四周蹲点守候了四五天，就为了等到有可能再次现身的嫌疑人。这个嫌疑人非常狡猾，在几天前一个乌云密布的晚上，潜入公园中，将一名正在跑步锻炼的女子杀害。过后不久大雨倾盆，下了整整一夜才停。现场所有的痕迹都被雨水冲刷掉了，没有留下什么有价值的线索，因此这起案件陷入僵局。

这时，小张从怀中掏出了一张照片，兴奋地对狄升说："警长，你还记得这张照片吗？"

狄升点了点头，还未来得及开口便听小张继续说道："这是案发后第二天早晨天晴后，我们接到报案，在现场提取到的一枚陷在泥土里的鞋印。"

似乎是为了显示自己的成绩，小张一股脑儿地说了下去："根据鉴定，这枚鞋印是40码，穿这种鞋子的一般是身高在170厘米到180厘米之间的男性。这几天，我摸排了公园附近符合此身高特征的男性，发现了几名可疑人员，然后对他们进行重点审查，发现了一名男子有这种鞋印的鞋，而且他的鞋码也刚好是40码！"

狄升听了小张的讲述，却轻轻摇了摇头，叹了口气说道："这枚鞋印恰好证明了你说的那个人的清白。"

小张听后，百思不得其解。聪明的读者，你能想到是怎么回事吗？

头脑发动机

在这个案件中，我们不能像小张一样，光盯着鞋印的具体号码，然后对着号码寻找相应的嫌疑人。因为万物皆变，鞋印的大小也会改变的。这是怎么回事呢？我们知道，案发现场当晚下了雨，凶手留在泥土里的鞋印先是被雨水泡过，天晴后又被阳光晒干，大小会发生一定程度的改变。根据光照强度的不同，40码的鞋印会产生半码左右的收缩量。因此，小张根据鞋印找到的“完美”犯罪嫌疑人，恰好说明这个人是清白的，真正的凶手应该穿着比40码大半码左右的鞋。

12. 三盏灯

开启游戏

“你今天晚上还看到了什么？”审讯室的白炽灯十分明亮，审讯桌后的警察问道。

“我看到的都已经告诉你们了，可以放我走了吧？真是倒霉！稿子没催来，还惹上了一身官司。”坐在椅子上的中年男子捋了捋头上稀松的头发，一脸苦相地说。

“请你配合我们的调查工作，我们需要再详细梳理一下案情，你今天晚上为什么要去死者的住所？”

“我去催稿子嘛。老肖答应了今天给我们这期的稿子，可到了晚上还没发来，打电话又不接，我以为他又像以前那样想要赖掉，就去他住的公寓找他。”

“你进到公寓之后，都看到了什么？这次请详细说明！”

“我到他八楼的公寓间后，敲了敲门，结果没人应答。一推门，发现门是虚掩着的，也许是老肖嫌夏天热，就把门打开了通风。你们也去过他房间了，跟个鸽子笼似的，连个窗户都没有。这些作家啊，一个个都穷得叮当响。”

“请说重点！”

“唉，你不是让我详细说吗？真是的，有烟吗？”

“这里禁止吸烟。请继续说明，你进入房间后都看到了什么，要仔细回忆。”

中年男子一脸无奈，也只得继续回忆道：“我进去后发现屋里黑漆漆的，只有墙角的书桌那儿有点亮光。走近一看发现老肖趴在桌子上，我以为他睡着啦，叫了几声，他都不答应。我嫌桌上的那盏应急灯太暗，就把台灯打开。这下看清了，老肖脑袋上淌着血，一探他鼻子，也没气息了，于是我赶紧打电话报警。”

“你是几点到死者住的公寓的？”

“大概晚上九点半，我九点出头从编辑部出来，骑自行车到他的公寓用了二十分钟。我可不是没钱打车啊，主要是想锻炼一下。”

“好了，没问你这个，你可以到外面休息一下。让公寓的管理员进来。”

一个五十多岁的瘦小男子走进了审讯室，往审讯桌那边鞠了个躬。

“请坐，请回忆一下你今晚在公寓中都看到了什么。”

“好的，警察同志。今天是我值夜班，我可没放一个坏人进来啊，每个陌生人来都是有登记的。”

“你知道住在你们八楼的那个作家老肖吗？”

“我对楼里的住户基本都清楚，这个老肖整天窝在公寓里不出来，每天三顿点外卖。”

“他的家是在你们公寓吗？”

“不是，听说他是被老婆赶出家门的。一个大男人不去打工挣钱，整天窝在家里，老婆能不闹离婚吗？”

警察在笔记本上迅速地做着笔录，这些侧面信息对于案件侦破很有帮助，当然有些时候也会起到迷惑误导的作用。然后他继续问道：“今天晚上，老肖没出过门吗？”

“他没出过门，要是出门我一定会知道。因为他每次出门都会到保安室来聊会儿天，今天他没来过。”

“那有人来找过他吗？”

“有一个男的。唉，这个男的最近总是来找他，一副凶巴巴的样子。”

“他是谁，你知道吗？”

“听说是他老婆的朋友，来这里催老肖跟他老婆签离婚协议书的。我们背地里都觉得这男的就是那个第三者。”

“他是几点到你们公寓的，你还记得吗？”

“大概是晚上七点半的样子，肯定不到八点钟。因为那时楼道的灯还亮着，而八点的时候，供电公司检修线路停了电，九点才来的电。”

“他是几点离开的？”

“八点以后吧，那时楼里的应急灯打开了，我看见这家伙呼哧呼哧地走了出去，估计是因为从八楼走楼梯下来累的。”

“停电之后，还有什么可疑的人出入吗？”

“没有，停电了，电梯都不能用，谁还下楼？”

“那来电之后呢？”

“有一个脸比较生的小伙子从楼上下来，也没跟我打招呼就出去了，之后就是那个编辑来了。”

审讯到这里，警察已经初步确定了犯罪嫌疑人，你知道是谁吗？

头脑发动机

在这个案件中，我们要将相关证人提供的线索梳理清晰，然后找出破案的突破点。以公寓停电时间为节点，可把当晚的时间划分为停电前、停电中、停电后三个时间段，以作家书桌上的应急灯和台灯的开启、关闭为依据，可以初步判断出凶案的发生时间，进而按照时间确定相应时间段出现的犯罪嫌疑人。但这里首先提醒读者的是，要去伪存真，将凶手故意制造的假象识破，才能推理出案件的真相。

作家为了在停电期间继续写作，打开应急灯，这点很符合情理，但通常人们是不会在停电的时候关掉台灯的，因为要确定什么时候来电。而案发现场，台灯是关着的，是那位编辑进到房间之后才打开的，这说明有人要故意布局，制造死者是在停电期间被杀的假象，不想弄巧成拙，反而露出了破绽。因此，停电之后出现的那名陌生男子具有重大的作案嫌疑。

13.四层楼

开启游戏

夏天的夜晚，蝉鸣不断。在郊区的一个洋房小区中，人们有的围坐在客厅观看电视节目，有的则拖着疲惫的身躯回到家中。突然，一声撕心裂肺的惨叫打破了宁静。

邻近的群众马上报警。不一会儿警笛蜂鸣，民警赶到案发现场时发现，房间门微微敞开，人们正围在门口张望议论，房里的地上有个中年男子躺在一片血泊之中。

经查，死者是四楼的户主张旺。他被人当胸刺了一刀，那声喊叫就是他被刺第一刀时发出的，虽然叫声使得有人报了警，也导致凶手给他的胸口补了致命的一刀。这栋洋房共有四层楼，一楼的住户是李想，二楼的住户是窦有双，三楼的住户是钱如海。据物业管理人员反映，这三个人跟四楼的张旺都有矛盾，平时张旺喜欢晚上在屋里唱KTV，经常唱到很晚，导致他和邻里的关系很是紧张。民警于是立即对这三个人分别进行了隔离审讯。

民警首先询问了一楼的李想："晚上你是否听见了楼上的那声喊叫，当时你在做什么？"

李想赶忙回答："当时我从冰箱里拿了瓶冰镇啤酒，正在我家小院那里乘凉。然后有辆车停在我家院子外边了，我正要喊他不要把车停在那儿，但发现门口的路灯坏了，外边挺黑的，也就不想瞎喊了，谁知道过一会儿我突然听见那声喊叫，可把我吓坏了。"

然后民警又询问了二楼的窦有双："楼上发出那声喊叫时，你在干什么？"

窦有双眨着一对小眼睛说道："我当时正在楼后面的停车位上修车，白天就发现有些问题了，没时间，晚上就去修理一下。"

民警打断了他："当时你们楼外的路灯似乎坏了。"

窦有双这时显出很是气愤的样子："就是，路灯总是坏，楼上的噪声也没人管，这物业早就该换了。我也是提着自己家的一盏灯下楼的，想在楼道接线来着，结果也没个公用插座。"

民警继续问道："你一直在楼下修车吗？"

"是的，后来听见那声喊叫，我就上楼去了。"

民警接着询问了住在三楼的钱如海，发现他的脚一瘸一拐的，便问是怎么回事，钱如海一拍大肚子，生气地说："嗨，别提了，我晚上谈完生意后，开车回到小区，发现楼外的路灯坏了，楼后面的停车位也被占得满满的，便将车停在楼门口的便道上。然后我拿着包向楼门口走，就被地上的一根电线绊倒了，这下可摔得不轻，脚直接肿了起来，正坐在地上喘气，突然就听到那声喊叫。大半夜的，多瘆人，吓得我赶紧从地上爬了起来。”

民警对洋房进行了初步勘查，发现后面的停车位上确实停着窦有双的车，车的引擎盖是打开的，上面悬挂了一盏灯，地上连了根电线一直延伸到楼门口，楼外边的便道上停着钱如海的车。在一楼小院的圆桌上，发现了几个空啤酒瓶，还有一个瓶身上还有些水的只剩下半瓶酒的瓶子。二楼的入户门微开，一根电线伸了进去，墙上的电线插头被扯出了插座。在三楼客厅的茶几上发现了一些跌打损伤药。

经过这一番调查，民警已经从这些纷乱的线索中，找到了犯罪嫌疑人的破绽，初步确定了犯罪嫌疑人，你知道他是谁吗？

头脑发动机

一楼的李想听到院外有停车的声音，然后一楼便道上停着钱如海的车，这证明钱如海的确在案发前回到了家，并且他的脚一瘸一拐的，是被地上的电线绊倒了，进而扯出了二楼电线插座中的插头，这些都与现场勘查的结果相吻合。进一步推理，既然钱如海被电线绊倒，扯出了电线插头，那么正在修车的窦有双就应该突然陷入黑暗之中，可他却没有向办案民警提及此事。可能的原因是他此时正在悄悄上楼，用刀捅死了四楼的邻居张旺，因此他不知道自己用来伪装的灯已经熄灭。

14. 可疑夫妻

开启游戏

“最近，有一对乔装成夫妻的盗贼，经常在我市各大宾馆附近活动，伺机作案，给广大群众造成了财产损失，影响恶劣，局里很是重视。”会议室里公安局局长正慷慨激昂地讲述着案情，随后顿了一下，分派任务，“现在我命令，警员要下沉到宾馆中，扮成大堂服务员监视可疑人员。”

一声令下，小张等警员都被派到了宾馆蹲点。小张来到了金丽华宾馆，这家宾馆虽然门脸不大，但由于地处集装箱车集散地，所以人员往来密集，而且很多都持有大量现金。这天下午，小张正跟大堂经理一起在前台工作，忽然来了一对要住宿的夫妻。这两人看起来风尘仆仆的，疲惫不堪，脸上的汗水顺着脖子往下淌，丈夫拖着一只沉重的大旅行箱，妻子空着手，神色不定地四处张望。

正当小张仔细打量眼前这对夫妻时，从外面又走进来一对看起来很恩爱的夫妻，穿着体面。这对夫妻虽然是后来的，但表现得很着急，打扮时髦的妻子向大堂经理抱怨道：“你们能不能快点儿？这么热的天，我都快中暑了。再说，你们没看到我提着这么大一个箱子吗？都快累死了。”的确，这一男一女两个人手中各拖着一个不小的旅行箱，但是从旅行箱拖动的声音判断，里面实际上并未装什么东西。

站在一旁的小张感到这两对夫妻都比较可疑，可能盗贼就在其中。那么，这两对夫妻中究竟哪一对是需要警员小张进一步追踪调查的呢？

头脑发动机

对于类似这样的案件，我们需要进行综合推断。警方要追查的是乔装成夫妻的盗贼，这就说明盗贼很可能只是同伙，而不是真正的夫妻。那么，他们之间必然有利益分配。因此他们盗窃到手的财物不可能只由一个人持有。如果第一对夫妻是盗贼的话，就与他们的财物全放在男子手中的旅行箱里相矛盾，因此这两人是盗贼的可能性不大。相较于第一对夫妻，第二对夫妻更加可疑，他们分别拖着一只实际上没装什么东西的旅行箱。如果两人都没有什么行李的话，为什么要分成两个箱子装呢？既然他们看起来很恩爱，那为什么不把东西放在一个箱子里都让丈夫拖着呢？因此，警员小张应该重点调查第二对夫妻。

15. 一把刀子

开启游戏

“好了，这下大家都满意了吧？”七十多岁的武有德看着眼前的三个年轻人，用他苍白的手捏着一张纸，上面是他亿万家产的分割单，心中不禁感叹：自己辛苦奋斗了一辈子，到头来就是为这三个侄儿侄女打拼的吗?

“下午，让张律师来，做个公证，这份文件就生效了。”武有德对他的两个侄子武萨、武西还有侄女武波说道。他们看起来有的高兴，有的窃喜，还有的感到不满。

下午张律师来了之后，先是在武有德的书房里整理文件。突然，他听到了一声惨叫，吓了一跳，赶快跑下楼去。

在二楼很少有人走的后楼梯的上面，迎面撞见了武萨。见张律师跑来，武萨结结巴巴地说道：“声音是从一楼传来的。”

张律师快速走下了狭窄的楼梯，一不小心脸撞到了一张蜘蛛网。他用手捋了一下蜘蛛网，便来到了一楼的厨房。在门口，他往里瞥了一眼，注意到地板明显是刚刚擦过的，显得很洁净光亮，立在一旁的餐具柜却非常凌乱。武有德就躺在地板上，身上插着一把刀，已经断气了——癌症还没夺走他的生命，这把刀却要了他的命。

张律师马上招呼保姆，要她保护好现场，同时报警。他又透过厨房通往后花园的玻璃门向花园里看了看，看到外面泥地上有一串朝向厨房的脚印。

警察来了之后，开始对楼中的人进行询问。

武西说：“肯定有人从后门闯了进来，我一直坐在主楼梯旁的前客厅，没看到任何人进来！”

“我也是！”武波指着自己鞋上的泥巴说：“我一直在厨房后面的花园里散步，什么都没看见。”

“好了，你们不用解释了，我已经知道谁是凶手了，他就是……”张律师转向了那个贪得无厌的家伙。

亲爱的读者，你知道张律师说的凶手是谁吗？

头脑发动机

针对这个案件，张律师采用了排除法。当张律师走下后楼梯时，脸撞到了蜘蛛网，说明武萨没有从后楼梯走过。同时，武萨也没有走过主楼梯，因为一直坐在主楼梯旁的武西说没有看见过他。另外，刚擦过的厨房地板上没有脚印，说明武波没有进过厨房。所以，只有武西有作案时间，况且他还说了有人从后门闯进来这种用来掩饰的话。

16. 赤裸上身

开启游戏

一个酷热的夏日夜晚，在大学城的一栋教师公寓中，发生了一起离奇的谋杀案。一名年轻的大学老师被人刺死在公寓中，被人发现时，他上身赤裸，手里还拿着教案。警方根据现场勘查，很快就锁定了两个嫌疑人。

第一个嫌疑人是死者的女朋友。她嫌死者挣的工资少，课题也迟迟申请不下来，一直想跟死者分手，可死者生前就是不同意，当晚她去找死者就是谈分手的事。

第二个嫌疑人是死者所在学院的科研处处长。案发当晚，他去告诉死者，若再申请不下来省部级课题，明年合同就不会再续签了。可死者认为自己给学生讲课讲得很好，申请不下课题并不妨碍合同续签。这个处长性格粗暴、易冲动，有可能在争执中失手杀人。

结合案发现场环境，你认为哪一个嫌疑人才是真正的凶手呢？

头脑发动机

我们首先要注意到案发现场死者上身赤裸这一处细节。它说明死者在给凶手开门时未来得及穿上衣服，或是觉得没有必要穿上上衣，由此可推断凶手和死者一定十分熟悉。如果是学院的科研处处长到访，出于礼貌，死者一定会穿好上衣，而不会赤裸着上身去开门的，因此杀害死者的很可能就是要和他分手的女朋友。

17. 案发时间

开启游戏

深夜，城乡接合部的棚户区发生了一起枪击案，很多人都被枪声惊醒了。但警方经过调查发现，只有四个人在枪响的第一时间看了表，可他们对案发时间的表述却各不相同。

证人甲说：“昨天夜里，我睡得正香，突然被一声巨响惊起，然后我一看手表，是凌晨两点零七分。”

证人乙说：“我被惊醒时，看了一眼我家的闹钟，当时显示的是凌晨两点零二分。”

证人丙说：“你们的时间都不准，我当时看到的时间是凌晨一点三十七分。”

证人丁说：“我看到的时间是凌晨一点四十七分。”

警方也被他们搞晕了，后来经过进一步核实才弄清楚，是他们四个人的表不准，分别是：快了十分钟，快了五分钟，慢了十分钟，慢了二十分钟。

聪明的读者，你能根据这些情况，推断出枪声响起的真正时间吗？

头脑发动机

初看起来，这起案子有些复杂，线索之间还有矛盾，但我们经过归纳就会发现，只要将其中最慢的表的时间加上慢得最多的那个时间，或者将最快的表的时间减去快得最多的时间，就会得出正确的案发时间，即凌晨一点三十七分加上二十分钟，或是凌晨两点零七分减去十分钟，我们得出案发时间是凌晨一点五十七分。

18. 飞蛾扑火

开启游戏

夏天的一个清晨，公安局接到报案，对方称发现邻居李四维在其家中被害。警方立刻赶往案发现场，路过一片稻田，来到了一个很大的村镇，远远就看到一栋四层小洋楼矗立在砖瓦房中间，很是扎眼。据报案人说，这栋小洋楼就是案发现场。民警走上这栋小洋楼的四楼，看见一名中年男子倒在地上，口含白沫，他就是死者李四维。

李四维的房间没装空调，南北两面的窗户都敞开着，以便让凉风吹进来，窗户上也没有安装纱窗。经过法医鉴定，李四维的胃里发现了大量的农药，死亡时间是在前一天晚上的九点到十点之间。在李思维的房间里，民警看到北面的窗户下有个茶几，上面有一只未加盖的烧杯，里面还有少许农药。

民警经过进一步的调查后发现，李四维平常为人比较霸道。村里有两个人最恨李四维，一个是二十多岁的罗有信，另一个是四十多岁的赵有福。

民警首先询问了罗有信："李四维是昨天晚上九点左右被人杀害的，那时候你在什么地方？"

"昨天晚上，我去他家找了他一趟，想让他将借给我的钱再宽限几天还，可又怕他生气打我，就在他家门口徘徊了一个小时，也没有胆量走进去。"

“当时李四维房间的灯亮着吗？”民警继续问道。

“亮着的。”罗有信回答道。

民警又询问了赵有福：“案发当晚十点左右，你在什么地方？”

“我借了李四维的钱，想求他的伙计帮忙说个情。昨天晚上十点左右，我和伙计在李四维的厢房里商量这件事来着，那个伙计说李四维只认钱不认人，劝我还是赶紧准备好本钱和利息。我一看事情难办，只得回家了。”

民警再次检查了李四维的卧室，看到敞开的窗户下面，有很多飞蛾和蚊蝇的尸体散落在茶几上，烧杯附近尤其多。根据掌握的线索，办案民警推断出了这起案件的凶手，你知道是谁吗？

头脑发动机

凶手就是罗有信，因为罗有信说那天夜里李四维的房间是开着灯的。若是房间里开灯了，飞虫会因为趋光性，围着灯泡飞，时间长了，就会有一些死在电灯下面，而办案民警却发现很多飞蛾和蚊蝇都集中死在烧杯的附近。这就说明那天夜里屋里其实没有亮灯，罗有信撒了谎。

19. 录音机

开启游戏

“来，建国你难得来一次，这杯咱们先干了。”

初夏的阳光斜洒在这栋红砖别墅二层的观景台上，主人王天虎端起酒杯，对着合伙人田建国说。

“还是等等嫂子吧，咱们到时候一起吃饭。”田建国面对满桌的饭菜有些不好意思地说。

“不用等她了，她还在厨房忙，”王天虎放下酒杯，冲着楼下厨房喊道，“刘玉，菜炒得怎么样了？”

从厨房里传来一阵切菜声和一个女人的声音：“你们先吃吧，我就来。”田建国听出了是嫂子刘玉的声音。

“你看，我就说不用等她了吧。来，咱们喝吧。”王天虎接着招呼道，“这酒我藏了十几年了，怎么样？”

“嗯，真是好酒，浓香扑鼻啊。”田建国连声应着。两人正喝在兴头上，突然，楼下传来了一声惨叫。

“不好！”王天虎“咚咚咚”跑下楼去，田建国也跟着往楼下跑。

只见厨房的地上，刘玉仰卧在血泊中，胸口正中插着一把尖刀。

王天虎悲痛欲绝，高喊着妻子的名字，但他很快镇静了下来，对田建国说：“田兄，你帮我看好现场，我去报案。”

很快，办案民警驾驶着警车赶到了案发现场。经过仔细勘查，民警开始对王天虎和田建国两人进行询问。

“刘玉是什么时间被害的？”办案民警问道。

“刚才，十几分钟以前。”田建国抢着回答。

“你们进到厨房时，凶手已经逃走了，是吗？”民警继续问。

“是的。”王天虎和田建国异口同声地说。

“被害人当时就死了吗？”

“嗯，我看见血流了一地，刘玉一动不动。”田建国回答道，王天虎则没有答话，双眉紧蹙，仿佛在忍受着极大的悲痛。

听田建国谈到血流了一地，办案民警又俯身凝神注视着尸体下面的血迹，突然明白了什么。他不露声色地转身对另一个民警小张说：“你带他们两个先上楼去，查看一下他们刚才待的地方，我再勘查一下现场。”

三人来到了二楼观景台，小张正在四处查看的时候，楼下厨房里忽然传来了一阵剁菜声，接着是一个女人的声音：“你们先吃吧，我就来。”

田建国听出这正是刘玉的声音，汗毛都竖起来了，心想：难道是见鬼了？

就在这时，声音停止了，三个人似乎都听到了自己的心跳声，只不过有的人是因为纯粹的惊恐，有的人则是因为罪恶暴露时的战栗。一楼厨房里，办案民警关掉了一台录音机，面对着这一摊鲜红的血，他的心里并未感到有多么轻松——他虽然破了案，但还是难以阻止人间惨剧的发生。

聪明的读者，你知道办案民警是怎样识破罪犯伎俩，成功破案的吗？

头脑发动机

王天虎和田建国听到惨叫声后就往厨房跑，最多用了十几秒钟。而在这短短的时间内，现场是根本不可能“血流了一地”的。因此，办案民警断定现场是伪造的。后来，办案民警又在现场找到了录音机，进一步证实了他的推断。由此，他继续推理，认为最有条件伪造现场的人只有王天虎，而能够证明王天虎在案发时间不在现场的人只有田建国一人，并且他又恰好是被王天虎请来做客的。办案民警据此认定谋杀刘玉的人就是王天虎。

第三章
探究真相，提升逻辑推理能力

技巧简介：通过分析和综合得出新的判断

面对错综复杂的案件，我们除了通过视觉、听觉等感官，注意容易被遗漏的细节，然后将线索进行综合归纳思考之外，还需要运用自己的逻辑推理能力。所谓逻辑推理就是人们运用比较、分析、概括、抽象、综合等方法，通过对客观事物的概念、秩序、规律、矛盾、排列等现象进行观察，做出判断、推理和演绎的一种思维活动。

一位哲学家曾经说过："逻辑思维是思维中的思维。这种思维的训练，能使人在头脑中得到真正纯粹的思想。"

虽然这听起来有些玄奥，但是好的侦探都是逻辑高手。几乎所有案件的侦破工作，都离不开缜密的逻辑推理过程。刑侦人员对案件进行思索和梳理的过程就是推理，它是侦破案件的关键环节。从这个意义上讲，破案就是一种逻辑推理。

《福尔摩斯探案集》一开始有这样一个情节。

当华生医生第一次见到福尔摩斯时，福尔摩斯一开口就说："我看得出，你到过阿富汗。"华生医生很惊异，后来他对福尔摩斯说："一定是有人告诉过你。"福尔摩斯解释说："没有那回事。

我当时一看就知道你从阿富汗来。由于长久的习惯，一系列的思绪飞也似的掠过我的脑海。因此，在我得出结论时竟未觉察得出结论所经历的步骤，但其实是有一定步骤的。在这件事上我的推理过程是这样的：这一位先生具有医务工作者的风度，但却是一副军人气概，那么显然他很可能是一名军医。他是刚从热带回来，因为他脸色黝黑。但是，从他手腕黑白分明的皮肤来看这并不是他原来的肤色。他面容憔悴，这就清楚地说明他是久病初愈而又历尽了艰苦的人。他左臂应该是受过伤，现在动起来还有些僵硬不便。试问，一个英国的军医在热带地方历尽艰苦，并且臂部负过伤，这能是在什么地方呢？自然只有在阿富汗了。这一连串的思想不到一秒钟，因此，我便脱口说出你是从阿富汗来的，你当时还感到惊奇哩！”

同样是在《福尔摩斯探案集》里，在“斑点带子案”中，华生曾讲过，他“最大的乐趣就是观察福尔摩斯进行专业性的调查工作，欣赏他迅速地做出推论，他推论之敏捷，仿佛是单凭直觉而做出的，但却总是建立在逻辑的基础之上。他就是依靠这些解决了委托给他的疑难问题”。

在我们常人看来，这样的思考过程是一瞬间完成的，而对于福尔摩斯这类的大侦探来说更是如此。这里面有一个小窍门，在进行案件的因果推论时，如果发现了互为矛盾的现象，则矛盾出现的地方必然就是破案的关键之处。

侦探游戏：缜密严谨，抽丝剥茧

20. 矛盾证词

开启游戏

北林市的一家珠宝店被盗了。警方抓到了四名犯罪嫌疑人，对他们进行了审讯。在他们的供词中，每个人都只讲了四句话，但其中都有一句是假话。审讯笔录如下：

孙小皇："我是无辜的。我从来就没有去过北林市。我对犯罪过程一无所知。那天我和李圣杰一起在南华市玩。"

李大涵："我是无辜的。那天我与李圣杰闹翻了。我也从来没见过孙小皇。孙小皇是无罪的。"

赵斯："我是清白的。李大涵才是你们要抓的盗窃犯。李圣杰和孙小皇从来没去过南华市。孙小皇帮助李大涵盗窃了珠宝店。"

李圣杰："我没有盗窃那家珠宝店。那天我和孙小皇在南华市。我以前从未见过赵斯。赵斯说的'孙小皇帮助李大涵盗窃了珠宝店'纯粹是谎言。"

聪明的读者，你能根据四名犯罪嫌疑人的供词，判断出谁是真正的盗窃犯吗？

头脑发动机

我们仔细分析四个犯罪嫌疑人的上述供词，会发现赵斯和李圣杰的最后一句话是互相矛盾的，所以必定有一个人说的是假话。假设李圣杰所说的最后一句是假话，则他说的其他三句话都是真话，那么孙小皇说的前三句话就都是假话，这就产生了矛盾。因此，我们推断出赵斯说的最后一句话是假话，他说的前三句话都是真话，他提到了李大涵是罪犯，所以盗窃犯就是李大涵。

21. 玉镯碎了

开启游戏

文化街上一家玉器店正在搞促销活动，引来了众人围观。店主甚是高兴，拿出一只精美的玉镯子，让买主传看。几个看热闹的人迅速围拢上来，争相把玩，可没过一会儿，就听“啪”的一声，镯子掉到地上摔碎了。店主连忙抓住眼前的四个人，让他们赔偿，可这四个人都说自己冤枉，于是只能报警。一位警官赶来，当场对这四个人进行了询问，四个人的回应如下：

甲说：“我看见镯子是乙摔的。”

乙说："不是我！镯子是丙摔的。"

丙说："乙撒谎，他要陷害我。"

丁说："镯子是谁摔的我不知道，反正不是我。"

警官沉吟了一下，根据多年的办案经验，他觉得眼下这四个人中，只有一个人说的是真话，其他三个人都在说假话。据此，他很快推断出了结论，给了焦急的店主一个满意的交代。亲爱的读者，换成你，你能够做到吗？

头脑发动机

这里考验的是逻辑推理能力，用真假判断图表能够清晰地显示出推理过程：

谁摔了镯子	话语真假				综合分析
	甲	乙	丙	丁	
甲摔了镯子	假话	假话	真话	真话	两个真话
乙摔了镯子	真话	假话	真话	真话	三个真话
丙摔了镯子	假话	真话	假话	真话	两个真话
丁摔了镯子	假话	假话	真话	假话	一个真话

因此，只有假设丁摔了镯子，才能得出只有一个真话的结果，也就是说应该赔偿的人是丁。

这种逻辑图表大有用处，即便是在MBA考试中也会用到。比如，有一年MBA管理类联考逻辑题中有这样一道题：

某大学女教师默默资助了一位偏远山区的贫困学生长达十五年。记者多方打听，发现做好事者是该大学传媒学院甲、乙、丙、丁、戊五位教师中的一位。在接受采访时，五位教师都很谦虚。他们是这么对记者说的：

甲：这件事是乙做的。

乙：我没有做，是丙做了这件事。

丙：我并没有做这件事。

丁：我也没有做这件事，是甲做的。

戊：如果甲没有做，则丁也不会做。

记者后来得知，上述五位老师中只有一人说的话符合真实情况。根据以上信息，可以得出做这件好事的人是?

这道题是不是跟我们刚才的游戏很类似，相信聪明的读者运用上述方法，很快就可得出正确的答案哦。

22. 全都说谎

开启游戏

“这些家伙，全都说谎！”刚参加工作不久的民警小张，将一沓审讯笔录狠狠地摔在了办公桌上。

“不要着急啊，小张。”旁边的警长狄升走了过来，关切地问，“怎么回事，碰到什么棘手的案子了？”

“嘿，也不是多大的案子，一家钟表店的一块钻石手表被偷了，逮到了四名嫌疑人，他们在手表被盗当天，都单独去过钟表店。”

“你调查得很清楚了，详细询问一下他们不就行啦。”

“这四名嫌疑人，应该都是惯犯了，相互间都认识，据调查，他们每个人提供的证词都是谎话。”

“哦，这倒是很有意思，让我看看他们的供词。”狄升拿起审讯笔录仔细研读起来。

“嫌疑人甲说：‘我们四个谁都没有偷那块钻石手表。我离开钟表店的时候，钻石手表还在店里。’

“嫌疑人乙说：‘我是第二个去钟表店的。我到钟表店的时候，钻石手表已经不在了。’

“嫌疑人丙说：‘我是第三个去钟表店的。我离开钟表店的时候，钻石手表还在。’

“嫌疑人丁说：‘小偷肯定不是在我去钟表店之后离开的。我到钟表店的时候，钻石手表已经不见了。’”

看完这四份笔录，狄升笑了起来，他抬起头对小张说：“要做好工作，你得静下心来，仔细对手上的材料进行推理分析。”

于是，小张按他说的，坐在桌边，拿起铅笔，在白纸上勾勾画画起来。不一会儿，他兴奋地喊起来：“我终于找到答案了！”

亲爱的读者，你也找到答案了吗？不妨也静下心来，用图表的方式总结梳理一番。

头脑发动机

我们将嫌疑人的陈述句用表格的方式记录下来，已知他们说的都是谎话，那么陈述判断句的反面，就是真实情况了。

陈述人	陈述句	陈述判断	真实情况
嫌疑人甲	我们四个谁都没有偷那块钻石手表。我离开钟表店的时候，钻石手表还在店里。	（1）我们四个谁都没有偷那块钻石手表。	（1）这四个人中有一个人偷了那块钻石手表。
		（2）我离开钟表店的时候，钻石手表还在店里。	（2）嫌疑人甲离开钟表店的时候，钻石手表已经被偷了。
嫌疑人乙	我是第二个去钟表店的。我到钟表店的时候，钻石手表已经不在了。	（3）我是第二个去钟表店的。	（3）嫌疑人乙不是第二个去钟表店的。
		（4）我到钟表店的时候，钻石手表已经不在了。	（4）嫌疑人乙到钟表店的时候，钻石手表还在店中。
嫌疑人丙	我是第三个去钟表店的。我离开钟表店的时候，钻石手表还在。	（5）我是第三个去钟表店的。	（5）嫌疑人丙不是第三个去钟表店的。
		（6）我离开钟表店的时候，钻石手表还在。	（6）嫌疑人丙离开钟表店的时候，钻石手表已经被偷了。
嫌疑人丁	小偷肯定不是在我去钟表店之后离开的。我到钟表店的时候，钻石手表已经不见了。	（7）小偷肯定不是在我去钟表店之后离开的。	（7）小偷是在嫌疑人丁之后去钟表店的。
		（8）我到钟表店的时候，钻石手表已经不见了。	（8）嫌疑人丁到钟表店的时候，钻石手表还在店中。

然后，我们就将这些真实情况再进行组合梳理，重点是找出这四个人到达钟表店的先后顺序。根据真实情况（2）和（6），当嫌疑人甲和嫌疑人丙离开钟表店的时候，钻石手表已经被偷了，而根据真实情况（4）和（8），当嫌疑人乙和嫌疑人丁到钟表店的时候，钻石手表还在店中，我们可以确定嫌疑人乙和嫌疑人丁是在嫌疑人甲和嫌疑人丙之前到的钟表店，那么嫌疑人乙和嫌疑人丁只可能是第一和第二个到达的，而嫌疑人甲和嫌疑人丙只可能是第三和第四个到达的。

我们依然通过表格的形式进行推理：

嫌疑人	第一个到达	第二个到达	第三个到达	第四个到达
甲	不可能	不可能	可能	可能
乙	可能	根据真实情况（3），不是	不可能	不可能
丙	不可能	不可能	根据真实情况（5），不是	可能
丁	根据真实情况（7），不是	可能	不可能	不可能

根据此表，第一个到达钟表店的只能是嫌疑人乙，其他人都是不可能的。第二个到达的则是嫌疑人丁，第三个是嫌疑人甲，剩下的第四个则是嫌疑人丙。因此，我们推理得出了真实的到达序列：乙—丁—甲—丙。

那么到底谁才是小偷呢？根据真实情况（7），小偷是在嫌疑人丁之后去钟表店的，也就是说可能是嫌疑人甲或是嫌疑人丙，再根据真实信息（2），嫌疑人甲离开钟表店的时候，钻石手表已经被偷了，我们便可以最终确定，小偷就是嫌疑人甲。

23. 不吃哑巴亏

开启游戏

这天，警员小张抓获了三名金行盗窃案嫌疑人，可他怎么都高兴不起来。

警长狄升刚走进办公室，小张就立刻赶来求助："警长，快帮帮我吧。刚才有人弄响了万兴街万有金行的防盗报警器，我们赶过去后抓到了三名嫌疑人。根据现场勘查，盗贼是一个人作案，可是抓到的三个人中两个都说自己不是盗贼。"

"那还有一个人呢？"狄升问道。

小张一脸愁容地答道："别提了。他是个聋哑人，一直叽里咕噜地比画着，不知道在讲什么。"

狄升想了想，对小张说："把三名嫌疑人都叫到审讯室去，我来审问他们。"小张感到很奇怪，因为按照通常做法，应该是一个个分开审讯的。

三名嫌疑人都来了，其中一个是瘦高个，一个是矮胖身材，另一个人在不住地用手比画着，他应该就是小张说的那个聋哑人了。

狄升偏偏先问这个聋哑人："你是怎样实施这起盗窃的？快说实话！"

这人似乎看懂了狄升的意思，双手不住地比画着，嘴里也在努力发出叽里咕噜的声音。狄升摇摇头，转身问另外两名嫌疑人："你们两个谁懂手语？知道他讲的是什么意思吗？"

那个瘦子马上说："报告警官，我懂一些手语的，他的意思是说，他不是盗贼，是被冤枉的。"

一旁的胖子也抢着说："我也懂手语，他刚才承认自己是盗贼，希望警长您能从轻处理。"

狄升刚走出审讯室，一直跟在旁边的小张凑过来说："警长，要不我去请一个懂手语的人来吧，这样就能知道这个聋哑人到底在说什么了。"

狄升则笑着说："不用了，我已经知道谁是盗贼了。"

小张一脸诧异，难道警长懂手语，可没见他用过啊，真是深藏不露啊。

亲爱的读者，你知道狄升警长是如何推断出这起案件的盗贼的吗？提示一下，狄升其实并没有通过手语来弄明白那个聋哑人在说什么，而是通过逻辑判断，探究出了案件的真相。

头脑发动机

警长狄升确实是用逻辑的方法对此案进行推断的，我们也可以效仿他。因为不管哑巴是不是盗贼，他都不会说自己是盗贼，这点是推断的基础，因此瘦子说的是真话，而胖子故意说了假话，所以他是盗贼。

24. 盗贼是谁

开启游戏

新的一天又开始了，公安局里一片繁忙的景象，每个人都在专注于自己手头上的案子，只有警员小张一副愁眉不展的样子。警长狄升借着打水的空当，走到小张的工位，亲切地问：“小张，怎么了，遇到什么难题了吗？”

小张把脑袋从双手中探出，看到桌前的狄升，简直跟看到救星一样，其实他早就想请教这位经验丰富的前辈了，但害怕打扰狄升的正常工作，就一直没敢开口。这下可好，狄升自己来传经送宝了，怎能不高兴？小张激动得从椅子上站了起来，差点没给狄升敬个礼：“报告狄警长，昨天晚上十一点在加乐超市发生了一起盗窃案，盗贼作案后驾车逃逸，经过连夜侦查，我们已抓获了三名嫌疑人。”

狄升看到小张因为熬夜加班而布满血丝的眼睛，轻轻拍了拍他的肩膀，点头示意他工作干得好。小张不好意思地挠了挠头，然后又小声说：“现在，我遇到了个问题，经过对超市和邻近路口监控视频的分析，我们确认除已经抓获的犯罪嫌疑人张某、刘某、孙某三人外，没有其他嫌疑人牵涉进此案，然后我们还审讯清楚了，孙某如果没有嫌疑人张某做帮凶，就不能到那家超市进行盗窃，我们还知道了刘某不会驾驶车辆。”

狄升听了小张的讲述，笑着说：“小张，你们的调查已经很全面、很细致了啊。”

“可是狄警长，我现在就是搞不明白那个张某是否参与了这起盗窃案，我感觉从已有证词还不足以做出判断，可进一步调查又不知道从何入手。”

看着小张这副无可奈何的样子，狄升想起自己当年的办案经历，也是从什么都不懂、什么都不会干起的，于是语重心长地对小张说：“我们办案，一要用心，二要用脑。用心就是要求侦查要做到细致入微，不放过每一个细节；用脑则是在此基础上，运用逻辑思维、假设推理等方式将已有线索进行有机组合。”

小张眼珠转了转，感到似懂非懂，被带入了一团迷雾之中。狄升接着说：“就拿你刚才说的这个案子来说，已有信息已经比较充足了，若是你能够充分用脑，用逻辑推理的方法，便会很快得出正确答案的。”

小张捂着脑袋，又坐在了自己的办公桌前，他似乎明白了，又似乎还不明白。亲爱的读者，不知道你现在明白了吗，能判断出张某是盗贼吗？

头脑发动机

我们可以对案子中比较独立的人刘某进行假设推理。假设刘某没有参与这起盗窃案，那么就剩下张某和孙某可能参与了这起盗窃案了。又由于孙某如果没有嫌疑人张某做帮凶，就不能到那家超市进行盗窃，因此，张某和孙某都是盗贼。我们再假设刘某参与了这起盗窃案，由于刘某不会驾车，而盗贼又是驾车离开的，因此刘某还需要帮凶，这时帮凶有可能是一个人，也可能是两个人，由于孙某必须要张某的协助，因此，若是刘某只需要一个帮凶，则肯定是张某，若需要两个帮凶，则是张某和孙某。综合以上分析，不论在哪种假设情况下，张某都参与了这起盗窃案，因此已有信息已经足以判断张某肯定是盗贼。

25. 翡翠项链

开启游戏

“警长，又是一起盗窃案，我都被搞糊涂了！”小张哭丧着脸，走到警长狄升的办公桌前说道。

“遇事莫急，莫慌，你慢慢讲吧。”狄升笑着说。

小张拉了把椅子，坐在狄升身旁，把审讯记录本放到桌子上，然后说道：“前天城里那个富豪丢了串翡翠项链，据说这串项链值一千万元。”

“哦，你们抓到嫌疑人了吗？”狄升问。

“抓到了，案发后富豪第一时间向我们提供了五个有嫌疑的人的姓名，都是来参加他生日宴的——他们这下可倒了霉，本想靠上大树，结果被鸟粪砸了。”

狄升不禁被小张的调侃给逗乐了，但还是接着问道：“你们确定真正的盗贼就在这五个人之中吗？”

“这还是比较确定的，关键是这五个人的供词又把我搞糊涂了！”小张说。

“哦，说来听听吧，咱们一起来分析一下。”狄升没有说由自己接手，是希望能够传授给身边这个年轻人一些分析案情的经验。

小张似乎也明白狄升的意思了，他向狄升点了点头，然后开始叙述情况。这五名嫌疑人分别叫张扬、田桑、李先、刘倩、孙小可，他们在接受讯问的时候，都各说了三句话。

张扬说：“我没有偷翡翠项链。我从小到大没偷过任何东西。这串翡翠项链是刘倩偷的。”

田桑说：“我没有偷翡翠项链。我是富家子，家里有很多翡翠珠宝的。刘倩知道是谁偷的。”

李先说：“我没有偷翡翠项链。我在还没有进入社会前并不认识孙小可。这串翡翠项链是刘倩偷的。”

刘倩说：“我没有偷翡翠项链。是孙小可偷的。张扬说是我偷的那是他撒谎。”

孙小可说：“我没有偷翡翠项链。是田桑偷的。李先知道我的为人，他可以为我担保。”

“另外我们经过分析后，发现每个人所说的话中只有两句是真的，剩下一句是假的。”小张继续补充道。

狄升听完，略微沉思了一会儿，然后将推断过程给小张讲解了一遍，小张立刻就知道答案了。亲爱的读者，你知道狄升是怎么进行推断的吗？

头脑发动机

五名嫌疑人，每人所说的三句话中有两句是真话，一句是假话，而且只有一个盗贼，所以在供词中说自己没有偷翡翠项链，而又指出别人盗窃的，一定不会是盗贼。否则的话，这个人所说的话中，就有两句是假话了。据此，我们来分析这五名犯罪嫌疑人的供词，就会发现五人除了田桑以外，都说了那两句话，所以翡翠项链就是田桑偷的。

26.划船行凶

开启游戏

“干杯，祝我们的事业越来越顺利！”

五个年轻的面孔，在夕阳的掩映下，笑得那么灿烂，他们有理由这么开心，公司马上就要上市，而他们都是这家公司的创始人，手中握着大把原始股票。

“老克，你还想着那件收购案吗，要是当初听你的，就没有现在了。”小卓举着刚喝空的酒杯，有意无意间提到以前的一桩事。

老罗岁数稍大一些，看大家喝得都有些高了，赶忙出来打圆场：“时候不早了，我们还是赶紧搭帐篷吧！”

“就是，赶紧找个晚上能看星星的地方，听说这一带夜间总有流星雨，我们这次分开住吧，看谁的运气好，能拍出最美的照片。”

小林玩心最大，赶紧提出这个建议。其实他也是看出气氛不太对，大家对几个月前那桩收购案还耿耿于怀，虽然公司马上就可以上市，但条件很苛刻，现在看来倒不如当初将公司直接卖掉更有利。

于是大家纷纷起身，沿着一条河的两岸，寻找搭帐篷的地方。晚上，老罗在自己的帐篷中，总是感到心神不定，似乎有什么事情要发生，便用无线电不断与其他四个人进行联络。可到了晚上十一点以后，就再也没有收到小卓的应答，他以为小卓睡着了，便在当晚继续与其他三个人进行联络。

第二天一早，老罗还是收不到小卓的信息，便赶到他的帐篷那里，只见小卓躺在一片血泊之中，胸口被刺穿了。老罗顿时呆坐在地上，他知道凶手一定在另外三个人中，可他不明白为什么一块创业的朋友，为了一点利益的纷争就能下此毒手。老罗默默地拿出无线电通话机，仔细查看了昨晚的通话记录后，陷入了深深的思考之中，到底谁才是那个无情无义之人呢？老罗心中已经基本确定了这个犯罪嫌疑人。

老罗掌握的线索如下：

（1）小卓是在当天晚上十一点以前被杀的，遇害地点就在他的帐篷里，他被利刃刺穿心脏，当场死亡。

（2）由于几个人的帐篷之间离得都很远，凶手去小卓帐篷里作案以及返回自己帐篷，都是通过划独木舟的方式。

（3）小林的帐篷在小卓的上游，老克的帐篷在小卓的下游，另一个同事小伊驻扎在小卓的正对岸。

（4）这三个人中任何一个，要想划独木舟到小卓的帐篷那里去作案，然后再返回自己的帐篷，至少需要80分钟。

（5）这条河水流速度非常快。

（6）老罗的无线电通话机记录了案发当晚大家的呼叫应答时间，如下表所示：

应答时间	应答人
20:45	老克
20:50	小伊
20:55	小林
21:40	小卓
22:10	老克
22:15	小伊
22:20	小林
23:25	老克
23:30	小伊
23:35	小林

聪明的读者，根据老罗的上述线索，你能帮助他确定那个犯罪嫌疑人吗？

头脑发动机

这是一道时间推理题，关键是要梳理清晰时间线。我们先根据线索（6）中的表格记录，当天晚上三个嫌疑人老克、小伊、小林对老罗的无线电呼叫都做出了三次应答。再进一步细看时间，可以得出每个人的第二次应答和第三次应答时间，都间隔了75分钟，而根据线索（2）和线索（4），这三个人都不可能在75分钟内划独木舟去小卓的帐篷中行凶杀人再回到自己的帐篷中应答无线电呼叫，因此可以排除他们在第二次应答到第三次应答这个时间段的作案可能。进一步查看线索（6）中的表格，可以通过简单计算得出，这三个人每人的第一次应答和第二次应答之间都相隔85分钟，老克是从20∶45到22∶10，小伊是从20∶50到22∶15，小林是从20∶55到22∶20，我们可以推断出作案的可能时间就在这85分钟之内。

再根据线索（6），小卓在21∶40对老罗的呼叫做出了应答，而根据线索（1）提出的小卓伤口情况，他是被刺杀之后当场死亡的，因此可以推断出小卓的死亡时间是在21∶40之后。那么老克、小伊、小林这三个人谁有作案可能呢？

这时我们就要结合案发现场的地理环境来进行推理了，根据线索（5），河水的流速很快，划独木舟的速度是要考虑进河水流速的！根据线索（3），小伊在小卓的对岸，那么他划独木舟到小卓的帐篷处，以及返回的速度都是自身的划行速度，不用考虑水速，因此来去的时间都是40分钟。小林的帐篷在小卓帐篷的上游，他划独木舟到小卓的帐篷这里时，要加上水速，因此用时会少于40分钟，而从小卓的帐篷处划回去时，总速度要减去水流的速度，因此用时会多于40分钟。与此相对，老克从下游划到小卓的帐篷处用时多于40分钟，从小卓的帐篷划回自己的帐篷处用时少于40分钟。

梳理清楚了时间关系，我们就可以做出破案推理了。假设是小伊杀死了小卓，那他至少要在21:05，也就是在他对老罗的第二次呼叫进行应答之前至少40分钟的时候离开小卓的帐篷，这与他的第一次和第二次应答时间不相符，可以排除小伊的作案嫌疑。同理，也可以排除小林的作案嫌疑。

老克则有作案时间，他可以在20:45对老罗的第一次呼叫做出应答后，立即出发去小卓的帐篷里杀人。根据线索（3）（4）（5），此时他是划独木舟向上游进发，用时要超过40分钟，他是在21:25之后的某个时刻，到达小卓帐篷处的，再等待小卓于21:40分做出应答后，立刻杀害小卓，然后借着流速很快的河水返回，从而在22:10之前回到自己的帐篷，赶上应答老罗的第二次呼叫。因此，老克具有作案时间，是犯罪嫌疑人。

27.临时派活

开启游戏

“小张，你留一下。”局长办公会后，高局长特意将警员小张留了下来，他语重心长地对小张说，“你最近表现很好，破案很积极，也很会用脑子！”

这番话小张听到耳里，尽管表面还很平静，内心却乐开了花，随即只听高局长接着说：“现在有个急活，其他人都忙得很，你就临时组个队去办理一下吧！”

小张立刻立了个正："保证完成任务！"

高局长笑了笑："好样的！就喜欢年轻人这种激情与干劲！"然后，他又不紧不慢地说道："这个案子，你可以从赵虎、钱亮、孙逊、李子期、周天望、郑君一这六名同志中挑选几个人一起去办理，综合以往办案经验还有目前手头的工作情况，人员配备上我给你提几点要求：

"第一，赵虎和钱亮这两个人办事老练，你必须至少带他们中的一个人；

"第二，赵虎和李子期前一段有过小磕碰，这两人不能一起去；

"第三，赵虎、周天望、郑君一，这三个人中你要带两个人一起去；

"第四，钱亮还有孙逊，这两个人是队里出了名的好搭档，你要不就带他们一起去，要不就都不带，我会另有任务派给他们；

"第五，孙逊还有李子期，这两个人中去一个；

"第六，要是确定李子期不去，那周天望也不要去了。"

听完高局长的一番话，小张挺拔的胸膛渐渐松垮了下来，他心里顿时没了主意，看来回到办公室，还得求助警长狄升帮忙了。

经过狄升的点拨，小张终于知道这个问题的答案了，你知道小张最终带了谁去执行任务吗？

头脑发动机

根据高局长的第一条要求，可假设出三种方案，我们来逐一进行推理：

第一种方案，赵虎去，钱亮不去。由第四点要求可知，孙逊也不去，那么根据第五点要求，李子期要去，但根据第二点要求，赵虎和李子期不能同时去，会产生矛盾，所以第一种方案不可行。

第二种方案，钱亮去，赵虎不去。根据第四点要求，孙逊也要去，再根据第五点要求，李子期不能去，接着根据第六点要求，周天望也不能去，现在赵虎还有周天望这两个人都不去，这与第三点要求相矛盾，因此第二种方案也不可行。

现在我们来分析第三种方案是否可行，即赵虎和钱亮一起去。根据第二点要求，这时李子期不能去，再根据第六点要求，周天望也不能去，那么根据第三点要求，郑君一要去，再根据第四点要求，孙逊也要去，这个要求与第五点不矛盾，因此我们找到了一种可行的方案。

最终挑选出的队员是：赵虎、钱亮、孙逊、郑君一。

28.谁是伤者

开启游戏

穆山果、刘丹、孙丁、马扬和李兰君是大学同学，毕业后在同一座城市工作，因此联系得很是紧密。这些日子，他们不约而同地喜欢上了越野摩托车，每个周末都要一起到郊区没人的地方飙车。可这一次，却出了意外，有人在骑摩托车时摔了下来，受了伤，你能根据下面的信息，找出谁是伤者吗？

A.穆山果还没有成家，是个单身汉；

B.受伤者的妻子是马扬妻子的妹妹；

C.李兰君的女儿前几天生病住院了；

D.刘丹目睹了事故的经过，决定以后再也不飙车了；

E.马扬的妻子没有外甥女，也没有侄女。

头脑发动机

这个案件需要我们比较分析，层层排除，直到找到最终的答案。通过A和B可以发现，穆山果是单身，而受伤者是有妻子的，所以我们先排除掉穆山果是伤者。再根据D可以知道，刘丹目睹了事故发生的经过，因此，刘丹也可以排除了。根据B还可以知道，马扬的妻子不是受伤者的妻子，所以受伤者也不是马扬。根据B、C、E可知，马扬的妻子是受伤者妻子的姐姐，而她没有外甥女，也没有侄女，说明受伤者没有女儿，而李兰君有女儿，所以，也可以将李兰君排除。最后只剩下孙丁一人，他就是那个受伤者。

29. 一桩惨案

开启游戏

近日，警方遇到了一桩复杂的案件，房地产开发商李大强得了癌症去世后，他的两个儿子竟然接连发生了意外，大儿子李城宏被一个蒙面人在街头捅死，小儿子李市宏不知去向。经过艰苦的调查，警方查到了如下线索：

（1）李城宏和李市宏在父亲李大强死后，都想继承遗产，并为此争得不可开交，二人都曾扬言要将对方杀死；

（2）李城宏是A型血，可在他尸体上还留有AB型的血迹，可能是犯罪分子留下来的；

（3）李城宏的父亲李大强是O型血，母亲是AB型血，弟弟李市宏失踪，血型未知；

（4）李城宏的衣服上有妻子孙雅卓的指纹，但孙雅卓是B型血，且已怀孕两个月；

（5）孙雅卓在两年前曾离过婚，孙雅卓的前夫赵远正近期也失踪了，他的血型未知；

（6）根据现场勘查，此案并无其他犯罪嫌疑人。

面对这个错综复杂的局面，办案民警进行缜密的推理，顺利找到了凶手。

聪明的读者，你知道办案民警是怎样进行推理的吗？凶手到底是谁呢？

头脑发动机

根据李大强和其妻子的血型可知，李市宏为A型或B型，所以他不应该是凶手。由于现场并没有留下其他人的痕迹，所以凶手可能是李城宏的妻子孙雅卓和孙雅卓的前夫赵远正。但孙雅卓的血型不符，只可能是帮凶，赵远正才是真正的凶手。他和孙雅卓合谋，想争夺李大强家的财产。

第四章

洞察隐秘，提升心理剖析能力

技巧简介：解析对方想要掩饰的心理活动

再狡猾的犯罪分子也是人，是人就有心理波动可供研究分析。犯罪心理学起源于19世纪下半叶的欧洲。当时，欧洲国家社会矛盾日趋尖锐，犯罪率急剧上升，具体揭示犯罪行为的原因、发生的心理机制以及犯罪者的人格特征，从而提供预防和控制犯罪的途径，就成了当时一个十分重要的研究课题。1872年，德国精神病学家K.埃宾出版了世界上第一本以犯罪心理学为书名的著作《犯罪心理学纲要》。这本著作主要从精神病态的角度研究犯罪者。1889年，奥地利的检察官和犯罪学家H.格罗斯出版了《犯罪心理学》一书，着重研究犯罪者的人格。这两本专著的相继问世，标志着犯罪心理学的诞生。

在现代，应用心理学来解析犯罪、辅助破案越来越普遍，很多经典案例被改编成了电影、电视剧，或是写进侦探小说中。比如，人气较高的美剧《犯罪心理》，就是从心理侧写与犯罪心理学的角度去分析罪犯的。

要想将心理学应用到案件侦破之中，首要的是学会心理剖析的方法。心理剖析法就是从犯罪嫌疑人的动作、眼神、表情中发现一些蛛丝马迹，觉察犯罪嫌疑人异常的心理状况，从而掌握犯罪嫌疑人的心理，完成侦破工作的方法。

心理学家研究发现，人类有两种最基本的本能，一种是自我繁殖，另一种是自我保护。犯罪分子为了自我保护，通常会用谎言来应对警方的询问。这种既要说谎又怕被揭穿的恐惧心理会使罪犯产生心理上的波动，从而露出马脚。办案者可从罪犯的作案环境、作案工具等方面入手，最终使罪犯落网。

捕捉犯罪嫌疑人心理的关键是培养和锻炼自己的洞察力。洞察就是透过现象看本质，而用心理学家弗洛伊德的话来讲，洞察就是变无意识为有意识。我们要学会用心理学的原理和视角来归纳总结人的行为表现。最基本的就是做到“察言观色”。其实这种方法应用到我们的日常工作和生活中也是很有效的，这或许也是侦探小说能够吸引许多人的一个原因吧。

侦探游戏：由表及里，识破谎言

30. 珍珠和纸屑

开启游戏

“丁零零。”正在值早班的警长狄升被桌上的电话吓了一跳。他连忙放下咖啡杯，接了电话。听筒那边传来一阵急促的声音：“喂，公安局吗？这里是天晟小区，我家被盗了！你们赶快来吧！”

“请您再详细说明一下您家的地址，还有失窃的物品是什么。”狄升说。

“我家在天晟小区2号，就是临湖的二层别墅，今天早上发现家里收藏的珠宝被盗了，价值得有几十万块。”

狄升放下电话，立刻赶往了事发地。他进入这栋别墅后，发现屋里并不是很乱，没有见到明显被人翻动的迹象，只是二楼书房中的保险柜被打开了，但也不见暴力破坏保险柜的迹象。报案人是个大胡子，他告诉狄升，昨天晚上他喝多了，就想在书房一个人待会儿，欣赏自己收藏的珠宝，至于晚上看完珠宝后关没关上保险柜，就记不清了。早晨酒醒后，他发现保险柜门敞开着，里面的珠宝全都不见了。

狄升听完报案人的讲述，心里对案件侦破有了大致方向，于是他又回到了一楼大厅。报案人焦急地在屋子里来回踱步，狄升则不慌不忙地仔细检查屋里的陈设布置等情况。

看了一会儿，狄升突然发现楼梯口旁边的毛绒地毯上有什么东西在闪闪发光，于是他装作随意看看的样子，漫不经心地走了过去。确认了这件东西后，他将兜里随身携带的卫生纸在裤兜里轻轻撕碎，撒在了这件东西附近。然后他又踱回客厅中间，问报案人："别墅里都住着什么人？"

"昨天晚上只有我在，我太太出去旅游了，哦，管家也在。"报案人回答。

狄升装作开玩笑地说："看来你的管家有点懒啊，地毯上有纸屑，也不清扫。"说着狄升用手指了指楼梯口。

"哦，他可能是早晨没来得及吧。老安，你出来收拾一下地毯。"报案人朝着楼梯口下的单间房喊道。一个看起来有五十多岁的男人从那里探出了头，默不作声地拿起吸尘器就开始清扫起地毯。过了一会儿，他把房间清扫干净后，就出去倒吸尘器里的尘土。这期间，狄升一直在跟报案人交谈，只是用眼角的余光留意着管家所做的一切。等管家一脸轻松地回来后，狄升不经意地问管家："外边垃圾桶那里有什么异常吗？"

管家愣了一下，随即连忙说："什么异常也没有啊。"

"是吗？"狄升转过身来，用双眼紧紧盯着管家有些苍白的脸说道，"那么，偷珠宝的人就是你啦！"

管家正要辩解，但当狄升将证据说出来后，他只得低头认罪了。亲爱的读者，你知道狄升警长是如何认定管家偷了珠宝的吗？

头脑发动机

案发现场没有发现明显的翻动迹象，很可能是熟人作案，由于别墅中只有报案人和管家，因此管家的嫌疑最大。狄升想用一个心理测试试探一下这个管家。恰好他在楼梯口的地毯上发现了一个闪闪发光的东西——一颗珍珠，应该是窃贼得手后下楼时不小心掉落的，狄升有意不声张，反而将一些纸屑撒在这颗珍珠附近，以此来测试管家。假如管家是清白的，那么他用吸尘器吸到这颗珍珠或是倾倒吸尘器尘土发现这颗珍珠时，就会对报案人和警察说明的，而现在他想把这颗珍珠的事隐瞒过去，明显是想隐瞒线索。管家这种犯了案，怕被别人发现证据的心理，恰好暴露了他就是窃贼。

31. 两枚铜钱

开启游戏

“怪了，真是怪了！”范友德推了推鼻梁上的高度近视眼镜，将放大镜放到了博古架上。

“怎么样，范兄，这下你总相信了吧？”张有富挺着个硕大的肚子，得意地坐在范友德家的沙发上说。

“这怎么可能，我这枚铜钱，可是先秦时期的共屯赤金钱，十分罕见的，是我二十多年前花大价钱搞到的，世上应该绝无第二枚。”范友德说。

“有一必有二，范兄，你不要太小气了！我有一枚共屯赤金钱，又有什么不可能？你看看我这枚钱圆孔、背平、面无廓，实系战国中晚期魏国所铸的。”张有富得意地说。

“张兄，你这枚不会是仿造的吧？”范友德脸色有些阴沉。他本不想撕破脸，可事关他最心爱的钱币收藏，必须弄个明白才行。于是他接着说：“你上个月软磨硬泡地要看我这枚共屯赤金钱，怎么给你看过之后，你就也有了一枚呢？而且我刚才仔细查看了一下，你这枚还是有些瑕疵的……”

张有富不等他把话说完，急忙从沙发上站了起来，大肚腩颤悠悠的：“范兄，你这就过分了吧，这天下的古钱又不是你一家的！”说着他一个大步走到范友德近前，拿起桌上的一枚铜钱就往自己衣袋里装，嘴里还嘟囔着，“算了，算了，不跟你计较了，我回家自己藏着总行了吧！”

张有富转身就要往屋外走，范友德愣了一下，对朋友刚才的举动感到有些不可思议。毕竟两人这么多年的交情，而且岁数也都一大把了，怎么说翻脸就翻脸了呢？可等他回过神来，往桌上一看，才发觉剩下的这枚钱币并不是自己的那枚，便不顾一切地冲向门口的张有富，一把拽住张有富，高声说道：“你别走，把我的铜钱还给我！”

张有富也急了，二人于是扭打了起来，双方你一拳我一脚，最后还是范友德说："算了，我们不要打了，你要是敢，就叫警察来。"

张有富一点也不示弱，抹了抹嘴角的血："谁不敢了，你想抢我的铜钱，我要找警察来评评理！"

他们当即就打电话报了警。狄升警长接到报案后，带着警员小张来到范友德家，他详细听完两人的陈述后，把两枚铜钱拿在手里，沉思片刻，随即对他俩说："这种情况需要进行技术鉴定，我没办法现场判断谁对谁错。这样吧，这两枚铜钱我先带回去鉴定，有了结果再通知你们。"

两人虽然都不太乐意，可也不好说什么，便只好答应了。出了范友德的家门，小张摸着自己的脑袋问狄升："警长，你打算怎么进行鉴定啊，咱们又不是搞古董的，再说，这两枚铜钱上肯定都有他们二人的指纹。"

狄升却没有回答，他回头看了看身后，似乎生怕有人偷听似的，确认没人后，用京剧的唱腔对小张说："山人自有妙计。"

第二天，范友德和张有富分别接到了公安局打来的电话，被告知狄升警长昨天由于遇到了一起突发的案件，在抓捕嫌疑犯的过程中不小心将那两枚铜钱给弄丢了。由于是警方的过失，所以公安局会给他们一定的赔偿。但是鉴于还没能鉴定出两枚铜钱各自的归属，只能是分别给他们每人一半的赔偿金。

小张在打这两通电话的时候，狄升警长就静静地在旁边听着，等听完两人的答复后，狄升警长就已经明白了事情的真相。

亲爱的读者，你能猜到这是为什么吗？

头脑发动机

这其实是狄升警长布下的一个心理迷局。可以肯定的是，他们两人的铜钱到底谁的是真的谁的是假的，两人都心知肚明。接到警方打来的电话后，范友德因为视这枚铜钱为自己的生命，对铜钱的丢失感到不可接受，无法接受警方提出的赔偿方案，于是请求警方帮助找回铜钱，而不是提供赔偿金。而张有富在接到电话后，则感到很庆幸，如果警方真的进行了技术鉴定，那么最后的结果是什么就很难说了；现在可以收到一笔赔偿金，那是再好不过了，他在电话里表示出遗憾之后接受赔偿方案，并要求警方提高赔偿的额度。狄升警长根据这二人的心理反应，就判断出了谁才是那枚真铜钱的持有者。

32. 囚徒困境

开启游戏

“这些家伙太顽固了！”警员小张从审讯室回到办公室后，将一沓厚厚的审讯笔录摔在了桌子上。

警长狄升见状，便走过来问：“小张，怎么了，你们不是将那个盗窃团伙一网打尽了吗？”

“唉，别提了！这些家伙大概事后都串通好了，这都连续审问好几个小时了，他们没有一个招供的。我们又没有掌握足够的物证、人证，真拿他们没办法啊！”

“哦，有这样的事？”狄升略微沉思了一会儿，随即回到自己桌子上拿起一本书递给了小张，“你看看这本书，应该会有所启发的。”

小张一抹脸上的汗，对狄升说：“狄警长，您就别绕圈子了。这本书这么厚，我怎么来得及看完啊，您就直接告诉我得了。”

“想要断案，还得自己动脑筋查资料、找线索的，你重点看看里面‘囚徒困境’这章吧。”狄升语重心长地说道。

“‘囚徒困境’，这名字怎么这么熟呢？”小张虽然知道这么个名字，但怎么也想不起来具体内容了。

狄升怕小张理解偏了，便告诉他：“‘囚徒困境’可以应用到犯罪心理分析上。简单地讲，就是囚徒们如果彼此合作，就可以为全体囚徒带来最佳的利益；但在信息不充分的情况下，每个囚徒若是出卖同伙，则可为自己带来更大的利益，这样囚徒们就会彼此猜忌、怀疑，供出对方。”

小张听得似懂非懂，狄升便将具体的做法教给了小张。很快，关押室里的犯罪嫌疑人纷纷主动交代了罪行，使警方顺利破了案。

亲爱的读者，你知道警长狄升是如何应用“囚徒困境”理论侦破此案的吗？

头脑发动机

狄升让小张将这些犯罪嫌疑人一个一个地带到审讯室进行审问，然后将其中几个人带到对面第二个关押室中，其余的人则回到原来的关押室里。接着，第二个关押室的人又被单独提审。警方这样做，只是为了做做样子。经过长时间反复提审后，警方给第二个关押室里的嫌疑人送去高档的食品。而关在原来关押室的嫌疑人则长期吃着普通的食物。这样，原来关押室里的嫌疑人就对第二个关押室的嫌疑人产生猜忌，认为他们已经招了供所以才受到警方优待，在这种心理的影响下，犯罪嫌疑人接二连三地相互揭发，从而使警方顺利破案。

33. 风景油画

开启游戏

李胜可这些年煤炭生意做得顺风顺水，随着财富的增长，他将视线转向了艺术品收藏。他在市中心核心地段买了一栋小洋楼，开了个私人美术馆，将自己投资收藏的美术品放在那里展览，一方面可以宣传自己是在丰富文化，推广艺术，另一方面则可以扩大自己收藏品的知名度，以便等其价值翻到几十倍后再择机出手。他发现这行相比煤炭生意利润空间更大。不过，他也真是收藏了不少的世界名画。最近，他正在搞一个俄罗斯风景油画展，里面就有一幅希施金的风景油画。

这次展览举办得非常成功，几乎可以用轰动一时来形容。毕竟在李胜可所在的城市，人们很少有机会能够看到真正优秀的艺术作品。正当他坐在三楼的办公室里，心满意足地抽着雪茄时，美术馆经理突然闯了进来，说道：“李总，不好了，我们刚才收到一封匿名信。”

李胜可不满地坐直了身子，他最讨厌别人一惊一乍的，再说这种匿名信他见得多了，便不屑地问：“上面写什么了？”

经理赶紧回答：“信上说：‘我对李胜可先生非常敬佩，对美术馆中的藏品也很欣赏，因此将于今晚去取那幅希施金的油画，还望应允！’”

“放肆，简直是胆大包天！”李胜可将手中抽到一半的雪茄狠狠地扔到地上。真是“来者不善，善者不来”，勒索、敲诈的信，他见得多了，但这种明目张胆的盗窃信，还是第一次见到，可见盗贼十分嚣张。他当即吩咐美术馆经理要加派人手看管好美术馆，并且将包括希施金油画在内的几幅绝世名画，放到三楼收藏室中。

第二天，李胜可早早来到自己的美术馆，询问安保人员是否发生了意外，安保人员回答说一切正常，他这才将一直悬着的心放了下来。可他刚到三楼办公室，椅子还没坐热，美术馆经理又急急忙忙地跑了进来，说道：“李总，我们又收到了一封匿名信。”

“什么，上面说了什么？”李胜可焦急地问。

这次经理没敢念出信上的内容，似乎是怕跟这件事再有任何关联，他颤抖着将信放到李胜可面前的桌子上，李胜可低头一看，只见信上工工整整地写道："多谢李总慷慨相赠，希施金的那幅油画我已经拿到了，为了不影响美术馆的正常展览，特留下一幅高仿作品给您充一下门面。"

李胜可马上赶到收藏室。他反复观察画作，越看越觉得这幅希施金的油画不对劲。没多久，他便愤怒地一挥手，高声训斥安保人员，呵斥美术馆经理，让他赶紧报警。

美术馆经理哆哆嗦嗦地拨通了公安局电话，报完警后，看到李胜可怒气未消，讨好地问："李总，这幅赝品怎么处理呢？"

"赶紧扔掉，我看着它就堵心。"李胜可闭上了眼，似乎是再也不想看到这幅画了。

美术馆经理连忙让人将这幅赝品扔出去，然后坐等警察的到来。

聪明的读者，你知道这幅名画是如何在众人重重看守之下不翼而飞的吗？

头脑发动机

这是一场典型的心理战，盗贼根本就没有进入收藏室进行盗窃。他利用匿名信，通知李胜可油画被盗了。原本艺术素养就有些欠缺的李胜可在情急之下，更加辨别不出油画的真假，真的以为收藏室中的油画是高仿的赝品，理所当然地认为油画确实被盗了。实际上，李胜可让人扔掉的正是真正的希施金油画，那个写匿名信的人只要去美术馆门外把“赝品”捡回来就可以了。

34.察言观色

开启游戏

一天，警方抓获了一名涉嫌盗窃的男子，以下是在审讯室中的问答过程。

办案民警用眼睛紧紧盯着审讯桌后的这名嫌疑人，首先问道：“你的姓名是什么？”

嫌疑人半低着头回答：“我叫李思逊。”

“住在哪里？”

嫌疑人仍旧半低着头回答：“我住在城外桑田镇上。”

民警接着问：“这是你第几次作案？”

嫌疑人还是半低着头回答：“这是第一次，我以后再也不敢了。”

“就你一个人作案吗？还有没有同伙？”

嫌疑人将手抚在面部，抬头看了坐在对面的民警一眼，然后回答道：“就我一个人。”

民警继续问：“你听说过一个叫李辛迪的人吗？”

嫌疑人又将头低了下来，回答道：“完全没有印象。”

“那么张好农呢，听说过这个人吗？”

嫌疑人摇了摇头，回答道："也没有听说过。"

这时民警一拍桌子，高声说道："你不要再装了，快老实交代你的同伙吧！"

后来经过进一步调查，这名嫌疑人确实隐瞒了团伙盗窃的犯罪事实，请问办案民警是依据什么判断出这名犯罪嫌疑人不是单独作案的呢？

头脑发动机

办案民警是根据嫌疑人的心理反应，结合行为举止分析判断出嫌疑人并非单独作案的。在被问到有没有同伙之前，这名嫌疑人一直都是半低着头回答问题，而在回答这句问话时，他却将手抚在面部，抬头看了民警一眼。就是这个看似不起眼的动作引起了民警的怀疑。这名嫌疑人试图用面部变化，来掩饰自己撒谎带来的紧张，同时还希望通过观察警方的态度来确定自己下一步的应对。根据此点，办案民警判断出嫌疑人背后应当有一个犯罪团伙。

35. 自我安慰

开启游戏

在一次侦查工作中，警方访查到，一名重要的犯罪嫌疑人可能藏匿在他哥哥家中，于是便前去搜捕。门铃响了很久，一名男子才慢吞吞地打开了防盗门。办案民警进屋后，快速环视了一下屋内凌乱的摆设，然后从容地出示了证件。看着眼前这个穿白色背心的男子，民警问道：“你是李在滨吗？”

男子打了个哈欠，回答道：“是的，我是李在滨。”

民警接着问：“你弟弟就是李在海吧，他今天来过你家吗？”

男子把手放在脖子上，然后说：“没有，他很久都没来看过我了。”

民警在笔记本上做着记录，然后试探着问道：“你弟弟会不会趁你外出时，偷偷潜入了你的房子？”

李在滨显然被民警这句话问得有些不知如何作答，他又一次将手放到了脖子上，然后说道：“不，应该不会。”

民警看到他这副样子，就继续问了些其他问题，然后合上笔记本，做出要离开的样子。就在要走到门口的时候，民警又转过身来问了一句：“你弟弟确实没来过你这里吗？”

这一次，他又看见李在滨把手放在了脖子上，然后肯定地说：“没有，我确定。”

民警点点头，他心里已经确定犯罪嫌疑人就在李在滨家，现在要做的就是蹲点守候，同时向上级申请搜查令。

亲爱的读者，你知道这是怎么回事吗？办案民警根据什么确定嫌疑人李在海就在李在滨家里？

头脑发动机

办案民警是根据李在滨的心理变化进行推断的。李在滨在回答民警问话时，不时用手触摸脖子，这是一种常见的自我安慰行为。当一个人频繁地用手触摸脖子或将手放置在脖子上时，说明他感觉到了威胁、不安全，流露出了不适与害怕的情绪。根据这一点，办案民警立刻识别出李在滨说了谎话，而且隐瞒了重要信息，从而判断出李在海一定在他家里。

第五章
记住关键，提升记忆回溯能力

技巧简介：将古怪的因素和错综复杂的关系牢记心中

人类的大脑是个巨大的存储器，我们见过、听过、读过的一切，都会以显性或是隐性的方式存入其中。若是对这些信息不加甄别地使用，我们只会感到信息混乱，分不清主次，理不清关系。记忆就是人们对过往知识经验的存储、维持以及运用的过程，也是对信息本身的存储、选择、提取的过程。

在侦破案件的过程中，我们会遇到各种或有用或无用的信息，如何从中筛选出有价值的线索，就需要我们充分提升自己的记忆回溯能力，找准关键的线索，逐层深入。

经典侦探小说《尼罗河上的惨案》许多人都读过，或是看过由它改编的电影。在尼罗河上，有一条船，五人丧命，七人都有作案的可能，而且凶手作案前经过了长期准备，精心设计，案情扑朔迷离，十分复杂。但经验丰富的大侦探波洛忽然想起女仆路易斯生前的一句话，他就是以这句话为线索，进行了一系列逻辑推理，推断出让人无法置疑的结论：女仆路易斯目睹了林内特被谋杀，而赛蒙是杀人凶手。

一般来说，疑难案件往往案情独特、复杂，或者现场经过伪造，或者嫌疑人留下的痕迹特征较少，或者时过境迁，痕迹物证发生了变化，难以找到，等等。所以，侦破疑案的突破口往往在于起先并未能引起注意的一个记忆片段。

侦探游戏：调取记忆，找到线索

36.远郊的雨

开启游戏

夏日的一个傍晚，警长狄升忙完了一天的工作，看了看表，快六点了，便伸了伸腰，想着马上就可以回家休息了，待会儿得买点好吃的好好犒劳一下自己。正在这时，办公桌上的电话突然响起——“警长，野老坡发现一具上吊的死尸。”

“好的，我马上到。”狄升二话不说，整理好警服立刻赶往了野老坡。

野老坡在城市的远郊，开车到那里需要一个多小时。等狄升来到案发现场时，夕阳西斜，太阳已开始隐入暗下来的天边，只有几抹余光还在贪恋人间的美景。狄升无暇欣赏，迅速勘查现场：一棵高大的老槐树下，一个男子半坐着靠在树上，两条长腿贴着地。从远处看，还以为他在这悠然自得地坐着休息，可上前仔细一看，却见他的脖子被两根牛皮条勒得死死的，眼睛瞪得圆圆的，直勾勾地凝视着他已然离去的世界。这名男子双手双脚都被绳子捆得结结实实，只能保持靠树待着的姿势，他的嘴被人堵上了。

狄升向现场的法医询问了情况。法医说："死者是因窒息而死的，死亡时间在今天下午三点到五点之间。"

狄升又找来附近的村民，村民一脸忠厚老实样，狄升问道："今天下午，你发现有什么陌生人来过这里吗？"

"哪有什么人来啊，这荒郊野岭的，也没什么景点，谁愿意来啊？今天上午就下了场雨，下午刚放晴，我想着下地干些活，结果出门就碰上了死人，真是晦气！"

狄升见问不出什么线索，便让大家先保护好现场，然后去查一下被害人的身份及主要的社会关系。第二天，通过初步调查，警方锁定了一名犯罪嫌疑人。这名嫌疑人与被害人是大学同学，后来又合伙开店。近来二人的生意受大环境影响，越来越难做，被害人于是想要退出，但嫌疑人坚决不同意。警察对嫌疑人进行了审问，嫌疑人表示，自己在案发当天从中午起就一直待在店里照看生意，服务员、厨师等都可以为自己作证。由于他有完美的不在场证明，审讯结束后警方就得将其释放。

这时狄升抚摸着自己的头，陷入了沉思：似乎有什么线索被自己忽略掉了。他仔细回想案发现场的情景，觉得根本理不出个头绪来。这时那个村民的话又回荡在了他耳旁，狄升一拍自己大腿——对了，一定是那句话，这才造成了嫌疑人的不在场证明。亲爱的读者，你能回想一下刚才的故事吗？相信你也能够挖掘出记忆中的关键线索。

头脑发动机

要从村民的讲述中提取线索，肯定不是那句“真是晦气！”，因为从语言学的角度看，这是表达心理感受的感叹句，而我们要找的是陈述事实的陈述句。那句“下午刚放晴，我想着下地干些活”陈述了一个重要的天气信息，即“下午放晴”，这是众所周知的事实，因为狄升等人在傍晚时分赶到事发现场时，天就是晴的。其实村民最关键的话是“今天上午就下了场雨”，一方面，这个信息透露出了狄升等人不知道的当天上午的天气情况，另一方面，上午下了场雨会成为凶手制造不在场证明的完美帮手。大家还记得被害人脖子上套着的是牛皮条，而牛皮条遇湿变长，使得被害人即使被吊在树下也不至于当场窒息；到了下午，湿牛皮条在太阳的照射下，逐渐变干收缩，一点点勒紧被害人的脖子直至其窒息身亡。所以被害人的实际死亡时间是在下午，而凶手设计好犯罪现场后，可以有充足的时间返回城市，制造出不在场的假象。

37. 一杯花茶

开启游戏

“狄升，翡翠珠宝店发生珠宝盗窃案，你快去查一查。”局长来到警长狄升的办公桌前，拍了拍靠在椅背上休息的狄升说。狄升为了分析案情，昨天晚上又在警局熬了一个通宵，局长虽然有些不忍心，但手下只有这么一个得力干将，也只能将这个案子交给他去办了。

狄升伸了下胳膊，揉了揉眼睛，立刻站起来回答：“好的，我马上去办！”

当狄升赶到翡翠珠宝店时，店里的员工排成了一行，前面摆放着盗贼偷走珠宝时留下的赝品，珠宝店经理正阴沉着脸训斥他们，店里的气氛极为压抑。狄升要求经理将珠宝被盗经过讲述一遍，经理一挥手，叫来下午值班的几个店员。这几个店员显然已经被吓坏了，本来发现珠宝被盗就极为恐慌，又被经理严厉地训斥了一番，这时简直都有找个地缝钻进去的心了。狄升叫她们不要紧张，如实讲述下午发生的事情就好，一个店员这才大着胆子说起来。

“我下午在前面柜台值班，今天是个工作日，来的客人不多，大多都是随便看看就走了。我印象最深的是下午两点多，来了对衣着光鲜的小夫妻，男的穿着格子呢西装，女的穿着连衣套裙，显得非常时髦。他们还有店里的贵宾卡，说是为了准备结婚周年庆典，要挑选几件特别的珠宝。我赶忙起身招待他们，将店里最好的珠宝都拿出来，一件件让他们挑，女的说要戴上珠宝试一下，我就把他们让到贵宾试戴间。他们挑了整整一下午，忙得我昏天黑地的，本来以为有个大买卖，结果最后他们只挑了一串项链，和一枚不太名贵的戒指。我真是有苦说不出，现在还发生这事……”女孩说着说着眼圈就红了起来，然后竟然呜呜地哭出声来。

狄升安慰了她几句，转头问旁边穿白色制服的稍微年长些的女子：“您是这里的收银员吗？”

女子点了点头，狄升继续问：“您还记得刚才说的这对男女吗，您给他们结账时发现什么异常没有？”

女子清了清嗓子，缓缓地说：“我记得他们，他们在店里折腾了一下午，当时大家都注意到他们了。到了快六点的时候，他们终于挑好了珠宝，走过来结账，那个男的在前面要刷银行卡，我在给他结账的时候，无意中看到站在他身后的那个女的手一直在抖。她手里一直拿着个保温杯，当时我就觉得奇怪，为什么她这么年轻，却像个中年大叔走到哪儿都拿个保温杯，于是就随便问了一句。男的连忙说，她有些神经衰弱，今天逛的时间长了，所以有些累了。似乎是怕我不信，还从衣兜里取出几片药，招手让她吃，还说这药每小时都要吃一次，所以要随身带着保温杯。女的走过来拿起药，拧开保温杯盖。我瞥了一眼，里面盛的满满的花茶，上面漂着几朵白色茉莉花瓣。女的一仰头，吃下药，喝了口水，然后拧好杯盖，又退到了男子身后。最后我给他们结完账，他们就转身离开了。”

狄升听完店员的讲述，沉吟了片刻，在脑中将这些片段组合起来，终于找出了珠宝大盗露出的马脚，并且弄清了他们藏匿珠宝的手法。那么，狄升是如何做到的呢？

头脑发动机

通过店员的讲述，我们也可以将这些陈述片段罗列组合起来，这样会有几个关键词凸显出来：保温杯、花茶、吃药。再联系到相关描述：女子一直手握保温杯，杯中花茶是满的，女子要每小时就吃一次药。这样我们很清晰地就得出了自相矛盾的地方，既然女子要每小时就吃一次药，经过了一下午，保温杯中的花茶怎么可能还是满的呢？进而就可以推断出男子是在说谎，而且保温杯的花茶下面一定藏有东西，应该就是他们用赝品替换掉的珠宝。

38.例行调查

开启游戏

在一个晴朗的周日，小明、小芳、小露还有阿杨几个好朋友高高兴兴地骑着自行车，去郊外的朱英家玩。可当他们到达朱英家的独栋别墅时，却发现情况不太对：有大批警察将别墅封锁了起来。看到他们这一群人靠近，一名高个子警官便走了过来。

“你好，你们是来访问这家人的吗？”

“是啊，我们是朱英的朋友，约好今天来她家玩的。”小明壮着胆子回答。

一听到他们是朱英的朋友，警官立刻警觉起来，掏出了随身带的笔记本，然后对他们几个人说：“是这样的，我们刚接到附近居民报案，有人死在这栋别墅后面，发现死者正是你们的朋友朱英。”说到这儿，他用敏锐的目光扫视了一下对面这些人，虽然他们脸上还带着稚嫩，但谁知道他们内心又是什么样子的呢？

警官继续说：“死者应该已经死了一天了，初步排除自杀的可能。既然你们与死者有约定，那么请简单讲一下你们昨天都干了些什么吧。”

阿杨吐了吐舌头：“警官先生，您这是在怀疑我们吗？”

“我这是例行调查，请配合。”

于是一行人还有站在旁边的邻居，都开始讲述起来。

小明说：“我昨天都在图书馆待着，查了一天资料。”

小芳说：“我昨天上午去看了场电影，看到很晚。”

小露说：“我昨天跟另一个朋友逛街去了，你们回头可以问他。”

阿杨说：“我去找朋友打篮球了，球场上的人都可以作证。”

邻居说：“我昨天还在外地旅游，今天上午回来的。路过这边时无意中看见那边树下有点怪异，走近一看是女孩的尸体，就马上打电话给你们了。”

等到大家都说完，警官合上了笔记本，将他们的话在头脑中又仔细地重现了一遍，很快便找到了线索。他点了点头，心里已经确定了犯罪嫌疑人。你知道他是谁吗？

头脑发动机

我们一方面要将各种复杂的关系记在头脑中，另一方面要着重找出关系间相互矛盾或是特别突出的地方。警官只介绍了朱英死了已经有一天了，并没有交代死者的具体死亡时间。而小芳却在她的陈述中，特别提到了昨天上午，而且还表示电影看到很晚，这显然是此地无银三百两的做法。我们知道死者死亡时间是一天前，然后再结合小芳特别强调具体时间的讲述，就能初步判定小芳有重大的犯罪嫌疑。

39. 好友报案

开启游戏

“是公安局吗？我是大想集团总经理办公室的李大基。我的同事杨千里，刚才在家里给我打来电话，说他的女朋友要跟他分手，他不想活了，要自杀，我怎么劝他都不行，再打他电话就关机了。”一个焦急的声音在电话那头响起。

警长狄升一边在笔记本上做着记录，一边听着报案人讲述，然后他问：“杨千里家住在哪里，你怎么不去他家里劝他？”

“我没去过他家，也不知道他家的地址，所以只好向公安局求助了！”电话那头的声音答道。

“好的，谢谢你的报案，请你马上来公安局，有些情况还需要进一步核实。”说着狄升挂断了这通电话，然后给大想集团总经理办公室打了电话，核实到他们那儿确实有李大基、杨千里两个人。而且杨千里今天没来办公室，打他电话也关机。狄升向他们要了杨千里家的地址后，就带着刚好赶到公安局的李大基，驱车赶往杨千里的家。

赶到杨千里家后，他们敲了几下门，见里面没有反应，狄升警长便强行撞开门，进到客厅后发现杨千里躺在沙发上，已经没有了呼吸，沙发前的茶几上散落着很多安眠药片。

李大基放声大哭起来："千里啊，你怎么这么想不开啊？都怪我来晚了一步！"一边哭，一边还不住揪自己的头发，显出非常悲伤的样子。

狄升警长戴上手套，开始检查现场，除安眠药片外，没有发现什么异常。他掏出案件分析用的笔记本，想在上面做些记录，才发现自己忘记带笔了，就问一直在抽泣的李大基："李先生，你这有笔吗，我需要做些记录。"

李大基摸了摸自己的口袋，发现也没带笔，就径直走上这间复式公寓房的二层，从床头柜上的笔筒中取来了一支圆珠笔。狄升一手接过这支笔，一手摸向了自己腰间别着的手铐，他已经知道眼前这个脸上仍然有泪痕的人，就是杀人凶手了。

聪明的读者，你知道狄升警长为什么忽然发现李大基就是凶手了吗？

头脑发动机

狄升警长看到李大基从二楼床头柜那里拿下来一支笔，突然回想起李大基在报案的时候说过他没有来过杨千里的家，可是他却知道这间公寓房从哪里能找到笔，这说明他之前是在撒谎，以此掩盖他谋杀好友杨千里的犯罪事实。

40. 小狗爪印

开启游戏

“警长，郊区发生了一桩奇案，您赶快过来看看吧！”警员小张在电话中焦急地说。

“好的，我马上过去。”狄升警长放下电话，马上就出发赶往案发现场。他对这个案子有所耳闻，两天前郊区的一栋别墅发生了一起枪击案，被害人当场死亡。本来狄升警长手头有其他的案子，一开始是由其他同事负责办理这件案子的，可现在小张打电话过来，估计是案件的侦破遇到困难了。

当狄升赶到这栋别墅外后，别墅四周都被警戒线围住了。小张望见狄升的车，立刻赶了过来：“警长，你可来了，这个案子太奇怪了。”

狄升笑着说：“天下的案子，没有一件不是奇怪的，等破了案，就都不奇怪了。”

“这倒是。不过警长，我们发现被害人倒在自家庭院里，头部中枪而死，但却如何也找不到弹头。”小张说。

“会不会是子弹穿过了被害人头部，落到了其他地方？”狄升问道。

“我们里里外外都找遍了，根本没有这枚子弹的痕迹，而且前两天这一片刚下过雨，如果有别人拿走弹头的话，会留下脚印的，可现场只有被害人一个人的脚印。”

“弹头消失的案子，原来我给你做过介绍，有人用易溶解的物体，做成弹头，这样子弹射入被害人体内后，就会自然消失。”狄升想开阔一下小张的思路，有意引导他。

“这点我们也想到了，可法医鉴定，被害人就是死于普通的金属弹头的。”小张说。

“你们在现场就没看到其他不同寻常的地方吗？”

“没有什么特别的啊。”小张摸着自己的头说，“对了，现场还有一串小狗的爪印。”

“狗，怎么会有狗呢？”狄升问道。

“我们当时也问了，据被害人的妻子说，被害人喜欢狗，养了好几条狗，还雇了专门的驯犬师来训练狗，当天被害人应该是和一条狗一块在庭院里散步。”小张回忆道。

“嗯，这么重要的线索，你刚才怎么不说？”狄升有些嗔怪地说。

“这几天都忙糊涂了，对这件小事快忘记了。”小张不好意思地说。

“小事？你差点儿把作案同伙给遗忘掉，”狄升说，“走，咱们去看看那些狗。”

亲爱的读者，你知道狄升所说的作案同伙是谁，凶手又是如何让这枚子弹头消失的吗？

头脑发动机

狄升所说的作案同伙就是那天跟随被害人一起散步的那条小狗，而凶手正是被害人生前雇的驯犬师。他在远处用枪打中被害人的头部，然后命令那条小狗把弹头叼回来，这样做既能不在现场留下自己的足迹，又能消灭作案的罪证。

41.死后变样

开启游戏

晚上十点，公安局突然接到报案，在景湖酒店1414号房间，服务员在床上发现了一具尸体。

警方火速赶往现场，死者是一名女性，在房间床头柜上，发现一个已经空了的安眠药药瓶。死者在酒店登记用的名字是王华，但警方通过调查发现，死者的真实姓名是马兰，是一家美容院的院长助理。

昨天下午，马兰戴着墨镜，用“王华”的假身份证登记住进了酒店，除了随身的挎包之外，没带任何行李。大约下午五点的时候，她打电话给服务台叫了咖啡。服务员回忆说，当时马兰穿一身深色的西服套装，站在窗边眺望湖面，长发披肩的背影很是动人。

这座酒店大楼由于建成年代久远，所有房间配备的都是旧式铜钥匙。酒店大厅的服务台前有个钥匙箱，因为铜钥匙携带不方便，很多客人都会在外出时把钥匙丢在钥匙箱里。

晚上八点左右，马兰再次出现在服务台，对服务员说："我是1414号房间的王华，请给我房间钥匙。"

服务员这才发觉1414号房的钥匙不知何时丢在了钥匙箱内。据此判断，马兰可能中途出去过。

经过技术部门的检测，马兰死于过量服用安眠药，同时体内还发现了酒精成分。房间里放着半瓶红酒，但并不是饭店提供的。酒瓶和酒杯上都有死者的指纹，但酒瓶上的指纹是反向的，通常没有人会反握着酒瓶倒酒。警方推测，这可能是凶手在死者昏睡以后将她的指纹按在酒瓶上，匆忙之中搞错了方向。但还有个问题无法解释，那家酒店客房的门锁是手动锁，必须有人动手才能锁上门。服务员发现尸体的时候，房门是锁上的，而钥匙就在室内。没人能在杀人之后从十四楼的窗户跳下，活着逃走。

办案民警在第二天上午找到了马兰的未婚夫，他是一个不出名的油画家。他说自己昨天白天一直在画室工作，到下午五点左右，他才打电话回家，告诉马兰自己不回家吃晚饭了。民警提出，酒店服务员说下午五点钟的时候，在酒店1414号房间内看到马兰正欣赏湖景，画家说这是绝对不可能的，因为马兰患有恐高症，是绝对不敢站在十四楼往下看的。此外，他还告诉狄升，他最近想办个个人画展，可手头没钱，马兰让他放心，说她可以筹到一笔资金。

搞艺术是需要金钱支撑的，办画展需要的钱不是个小数目。据调查，马兰在本市没什么亲戚，朋友之中也没什么有钱人，只能依靠她工作的美容院。于是，办案民警这天下午来到了马兰工作的美容院。接待他的是美容院的院长秘书杨欣，只见她长发披肩，一身深色职业套装使她的身材显得更加苗条，大大的双眼皮明显是做出来的，白皙的脸皮绷得紧紧的。

民警说明来的原因之后，杨欣的脸色顿时变了，说韩院长出差了，几天之内都不会回来，不能配合警方的调查。正在这时，杨欣身后的门却打开了，韩院长从里面走了出来。民警笑着看了看杨欣，向韩院长说道："你好啊，韩院长。这是我的警察证件，有点情况需要向你了解一下。"

韩院长皱了皱眉头问道："有何贵干？"

民警告诉韩院长昨晚发生了大事，韩院长称自己对此一无所知，当民警说出马兰死亡后，韩院长更是显得十分惊讶。

"请问你最后一次见到她是什么时候？"民警问道。

韩院长表情紧张地反问道："警察同志，你是把我当成嫌疑犯了吗？"

民警微笑着说："哪里，不过是例行公事罢了。"

韩院长长舒了一口气，回答道："昨天下午四点钟左右，马兰向我请假，说是家里有事要早回去一会儿，我同意了。从那以后，我再也没有见过她。这就是我知道的所有情况了。"

走出院长办公室，民警装作不经意的样子问站在门口的杨欣："你看过《晨报》了吗？"

杨欣态度冷淡，回道："对不起，我从来不看无聊的报纸。"

民警当场没有再说什么，可心里却感到很奇怪，今天的《晨报》在本地新闻的版面以相当大的篇幅报道了马兰的死，院长助理死了，这在美容院里也应该是一个大新闻。院长和他的秘书为什么都会表现出对此一无所知的样子呢？经过进一步调查，民警发现院长在财务方面有些不清不楚。

在回公安局的路上，办案民警回想这两天来的调查经过，忽然记起昨天晚上酒店服务员无意中说的一句话：“哎！活着的时候多漂亮的一个姑娘啊，死了之后模样都变了。”

瞬间，他想明白了一切。

亲爱的读者，你知道这到底是怎么回事吗？要准确地还原案情，需要充分发挥你的想象力啊。

头脑发动机

原来，马兰抓住了院长的把柄，为了未婚夫的画展，她便以此向院长勒索一笔钱。第一次走进酒店1414号房的人并非马兰，而是院长的秘书杨欣，她和马兰外形十分相似又戴着墨镜，而酒店每天有很多人进出，工作人员不可能一一记得长相。这家酒店是院长精心挑选的，因为这里的客人通常都会在窗边背对房门欣赏湖景，服务员对此已习以为常，这样便可造成马兰自己订房间并死在里面的假象。院长谎称要和马兰单独谈谈，让她晚上八点到前台以王华的名字要1414号房间的钥匙。马兰到达之后，院长哄骗她喝下了被下了过量安眠药的红酒，在她昏死前以取钱为借口离开，是马兰自己从里面锁上了门。

第六章
突破局限，提升发散思维能力

技巧简介：从问题的多种角度出发进行思考

我们在日常生活中，常常会有这样的体验：自己百分百地确定答案就该是这样的，思维被限制在一个固定的圈子内，找不到突破口，直到跳出这个圈子后，才灵光乍现，从“山重水复疑无路”的境地豁然开朗，于是感慨“柳暗花明又一村”的转折。

这样的过程就是发散思维。所谓发散思维，是指从一个目标出发，沿着各种不同的途径去思考，探求多种答案的思维。许多心理学家认为，发散思维是创造性思维最主要的组成部分，是衡量创造力的重要标志。发散思维是一种创造性思维，它的实质是发现新事物，研究新方法，探索新思路，揭示新规律，解决新问题。

要在案件侦破的过程中运用好发散思维，首先是要掌握切实可靠的证据。案件发生后，警方通过对案件现场进行勘查、调查访问及鉴定结果而获得的线索和证据是侦查假设建立的前提条件。在这些材料的基础上，办案人员根据证据之间的关系、证据所提供的信息，对这些线索给予必要的解释，并依据这些线索对案情进行推测。办案人员对于案件的证据掌握越多，对证据所体现的侦查意义的理解和评价才能越准确、越合理，也越能运用发散思维提出符合案件事实情况的侦查假设。

运用发散思维，最忌讳的就是抱着先入为主的偏见。要有意识地识别出自己思维上的片面性，这样才能使自己的思维不拘泥于表象，充分发散，从而获得新的思路、新的证据以及新的破案方法。

发散思维不仅需要我们充分开动自己的大脑，有时候还需要动用我们身边的资源，而生活本身就为我们训练自己的发散思维提供了取之不尽、用之不竭的资源。

生活中，很多创新都源于人的发散思维。当你将这本书中的侦探方法活学活用后，就可以逐步摆脱思维定式或习惯做法的束缚，从多个角度审视问题，那时你就会发现其实解决问题的方法往往不止一个，而是可以做到“一题多解”“一物多用”的。

侦探游戏：开阔视野，发现思路

42.深夜尖叫

开启游戏

深夜，一艘日本的豪华游轮正在驶往泰国。人们在船上吃喝玩乐了一整天，这会儿都已安然进入梦乡。突然，一阵尖厉的喊叫声打破了宁静：“不！你这个坏蛋！”

船长听到了喊叫声，急忙赶到出事的地方，发现一个裹着浴袍的金发女郎正在敞开的房门前瑟瑟发抖。船长问她：“女士，您还好吗，刚才发生了什么事？”

女子泪眼婆娑，呜咽道：“我刚睡下，听到有人敲门，打开门后，一个和你一样穿制服的人想闯进来非礼我。”

“哦，我非常遗憾，让您受惊了，您记得他的样子吗？”

“我只恍惚地看到他是中等身材，穿着工作制服，进来之后要抱我，我吓得大叫一声，他就连忙跑开了。船长，你要立刻查出真凶！”

船长听完女子的讲述，初步判断作案人是值夜班的工作人员，便叫来了中等身材的四个水手，一一询问。

水手A说：“我那时正在甲板上整理救生器材，听到尖叫声，吓了一大跳。”

水手B说：“我刚才感到有些饿了，便去厨房找些吃的。”

水手C说：“我发现船头上的国旗挂反了，当时我正在重新挂旗子。”

水手D说：“我感到夜里的风有点大，正要回自己房间加一件外套。”

听完他们的陈述，船长便发现其中一个人撒了谎，那个色胆包天的家伙露了馅。亲爱的读者，你能从他们的叙述中，循着多种可能的方向，找到说谎的那个水手吗？

头脑发动机

通过四个水手的表述，可以分析他们所做的事情，看他们的表述是否与事实相符合，这就需要证人、证物；若是表述中有多个事件，则除了这些佐证之外，还要注意考察事件之间是否相互符合。在水手C的陈述中，他说看到国旗挂反了，就要进行可能性判断了。事实上，我们知道日本的国旗都是完全对称的，不存在挂反的情况，由此可以直接判定水手C是在说谎。

43. 致命海水

开启游戏

经过一段时间的紧张工作，警长狄升感到身心俱疲，于是休假几天到海边去放松一下。这天下午，正当他躺在沙滩阳伞下怡然自得时，人群中突然跑过来一个人，大喊着："闪开，闪开！"

狄升睁开眯缝的双眼，往嘈杂处看去，只见一个男子背着个长发女子正往岸上狂奔。男子越跑越近，狄升看到他的脸上满是惊慌，女的趴伏在他背上，还不时地抬起头来张望，似乎对发生的一切感到难以理解。男子一边跑，一边大声喊叫："快闪开，我老婆溺水了，得赶紧回宾馆抢救。"

人们纷纷闪躲，给男子让出路来。狄升心里有些奇怪，溺水了回宾馆好好救治是正常的，可这个男子为什么一路上这样大声喊叫，生怕别人不知道似的。不一会儿，男子便跑进了远处的宾馆里。

大约二十分钟后，狄升听到救护车的鸣笛声连珠炮似的响起，估计是那个男子叫来了附近医院的急救人员，他也没心情继续留在海滩上了，就收拾了东西，慢慢往宾馆走。可当他走到宾馆门口时，突然两辆警车奔驰而来，"咔"的一声停在自己身边。狄升扭头一看，一队警察鱼贯下车，带队的是胖胖的阿公，两人相识多年，这次海滨之旅就是阿公邀请自己来的。

"阿公，怎么回事，发生什么事了？"一见面来不及寒暄，狄升就出于职业习惯自觉地问道。

“刚刚接到医院报告，说是有个女子在海边溺水后死在了宾馆里，让我们过来核查一下。”

“哦，我刚才在海滩上还看见他们来着，男的背着女的边跑边喊，我能一起去看看吗？”

“好啊，我们求之不得。”阿公笑着说，能有这么个帮手一起去探查，自己不知会省下多少力气。

他们来到事发房间后，发现女子躺在洗手间的浴缸里，据旁边的医生介绍，女子肺部有大量海水，是溺水致死的。那个男的蹲在浴缸边，捂着脸呜呜地哭个不停。

狄升问医生：“死者的死亡时间是什么时候？”

“在二十分钟到半小时之前。”

“你们从接到电话，赶到这里用了多少时间？”

“十分钟左右。”

狄升心想：也就是说在医生到来前的十到二十分钟，这个女子已经死了，从我在沙滩上看到他们往宾馆跑算起，他们用十分钟左右能到宾馆房间。可我在沙滩上看到他们时，女子还活着，头还能动，也就是说应当是到宾馆后死亡的。男子如此大费周章地将她背回宾馆是为了什么，就是为了更好地救治吗？狄升又看了一眼浴缸，突然心里知道了答案，于是拍了拍还蹲在地上的男子，冷冷地说：“起来，别装了，是你杀死了她。”

男子还想辩解，但当狄升将他的作案手法说破后，他也只能如实交代了。

头脑发动机

做侦探推理也好，进行日常思考也罢，关键是不能被惯性思维困住自己探索的脚步。女子的肺部有大量海水，人们容易认为她是在海边溺水后，被带回宾馆抢救无效后死的，且由于当时在海滩上很多人都目睹了女子还活着，男子便能成功地摆脱谋杀嫌疑。但如果我们打破这个惯性思维，从女子被放到浴缸这个细节入手，就会发现，在海水中溺死并不一定非要发生在海里，在浴缸里其实也能作案。男子事先在浴缸中放入了大量海水，然后背回女子，将奄奄一息的她按入浴缸中，就能制造出她因海水窒息身亡的假象，最后再放掉浴缸中的海水，毁灭证据，似乎就可以瞒天过海了。

44. 蹊跷电话

开启游戏

民警小田这些天很是郁闷，手头一个案子始终破不了。几天前，一名地产公司老板在自己的豪华别墅中被人拿刀捅死。警方根据现场勘查，判断应是熟人作案。被害人倒在自家客厅中，没有明显的打斗迹象，财物也没有丢失，关键是别墅的大门和窗户都完好无损，未见被破坏的迹象。小田根据被害人生前的社会关系，确定了一名主要嫌疑人——在被害人的工地上打工的小包工头肖颁，于是对他进行了多次审讯，但他都对答如流。这天，小田又一次对肖颁进行审讯，他想打破自己原来的审讯思路，从头开始，分析这起案件。

“你从什么时候认识死者的？”

“我们是老乡，小时候就认识了。”

“那你什么时候到他的工地上打工的？”

“大前年，他回我们村招工，说是待遇如何好，在城里吃香喝辣，想干啥就干啥，我就带着几个弟兄投奔他来了。”

“你跟他有什么矛盾没有？”

“矛盾啥的倒没有，我俩有啥事商量着来，他让我做了个小头头，管着从老家来的几个弟兄。”

“听说他有一年多没发你们工资了，春节也不让你们回老家去，这事是真的吗？”

“哦，他是大老板，用钱的地方多，不开工钱，我们也能忍着。”

“可我听说，你为了讨要工资，曾经跟他吵过几次。”

“算不上吵，就是声大了些，我嗓门本来就大。”

“你老板被杀的当晚，你在做什么？”

“在工地啊，还能去哪里？城市再好，没钱哪儿也去不了啊！”

“可据你同屋的几个工友反映，当晚八点到九点之间，他们没有看到你。”

“我那时在工地上溜达来着，晚上屋子里很闷，他们都窝在屋里打牌，我不爱好那个，就自己出来了。”

“从工地到死者别墅，大概有半个小时路程，你是有作案时间的，而且没有人能证明案发时间你在工地上。”小田追问道。

“我在八点二十分的时候，在工地上给家里打了个电话，你们是可以查到的吧？”肖颁不慌不忙地回答。

“我们查到了这个电话，长途电话，通话时间两分三十秒。”

“通话内容你们肯定也知道了。”

“你家人说，你告诉他们工钱马上就会要到，要他们不要着急，你老母亲的病，该看还是得看。”小田说话的语气变得越来越柔和了。

“那不就结了，我八点二十分还在打电话，根本没有时间去他别墅。”

“可你怎么能证明你是在工地打的电话呢？”

“工地晚上挖掘机、打桩机还都开着，闹哄哄的。你们可以去问我家人，当时我哥、我妈都听了电话，还有我家隔壁的老李，当时他正好在我家串门，我还问他要不要给他捎点东西回去呢。”

小田将头垂了下来，在心底反复琢磨：这些情况在几天前的审讯中都了解清楚了，那些人都证实肖颁当晚确实给家里通过电话，也提到在电话里听到很明显的工地噪声。那么嫌疑人真的是在工地吗？不对，肯定有个地方自己一直理解错了，他狠狠地拍了一下自己脑门。原来是这样，肖颁的不在场证明不攻自破了。

亲爱的读者，你能想到民警小田发觉哪个地方他一直理解错了吗？想出问题的关键不在于拍自己脑门，而是要发散思维、打破常规才行。

头脑发动机

这里犯罪嫌疑人巧妙地利用通话的背景音来表明自己身处工地，但工地上每晚都是一样的吵闹，只需要将工地晚上嘈杂的声音事先录下来，然后在赶往作案地的路上，边给其家人打电话，边播放背景音，就可以制造出自己是在工地上打电话的假象了。

45.接头暗号

开启游戏

“警长，发现可疑人员，在商场东边的入口处有一名穿黑夹克戴鸭舌帽的男子。”隐藏在商场角落的警长狄升听到耳机中传来警员低沉的声音。

“好，注意观察，一定要找出他的接头人。”狄升下达指令，随即他装成商场中闲逛的游客，来到了商场大厅中，用眼睛的余光不时瞄着这个男子。只见他中等身材，脸上一副焦急的样子，压低的帽檐下隐约可见一道很长的刀疤。这名男子径直走到大厅中央的总服务台，向一名身着商场制服的女职员比画着说了些什么。由于离得比较远，狄升没有听清他们对话的内容。之后，女职员点了点头，立刻坐在工位上用商场广播播报消息：“张丹小朋友，张丹小朋友，请听到广播后马上到商场东门，你爸爸正在那里等你。”

然后这名男子就匆匆地往商场东门走，一路上再没有与其他人接触。狄升心想，是不是情报出错了，这个戴鸭舌帽的男子虽然像是贩毒团伙的成员，但并没有与人在商场里接头啊。整个小队在商场里蹲守了一整天，直到傍晚都没再见到其他可疑人员。当他们拖着疲惫的身躯回到公安局的时候，局长正怒气冲冲地在会议室等他们，一见面就劈头盖脸地对狄升说："你们的任务是逛商场吗？"

狄升早已习惯了局长的火暴脾气，回答道："我们在商场蹲守了一天，发现了一名戴鸭舌帽的可疑人员，可他没有与其他人接头。"

"哼，刚才据内线报告，两大贩毒团伙已经完成了接头。"

"什么，这怎么可能？"狄升一下子就瘫坐在椅子上，本来在商场蹲点就站了一整天，这时又听说贩毒团伙在自己的眼皮子底下完成了接头，怎能不让人恼火？他努力使自己冷静下来，设想各种接头的可能性，最后一拍大腿，从椅子上跳了起来："我明白他们是怎么接头的了！我马上去逮捕另一名团伙成员。"

亲爱的读者，你也弄清楚两个贩毒团伙的接头方式了吗？另一名团伙成员是谁呢？

头脑发动机

我们应该努力不被嫌疑人制造的假象蒙蔽双眼。戴鸭舌帽的男子假装要寻找走失的孩子，让商场服务台为自己进行播报，其实另一名贩毒团伙成员就是那名商场女职员，她趁机与男子进行了接头，再用寻人广播来误导他人。

46. 一把水果刀

开启游戏

“警长，刀子我给您取来了。”

“好的，放我桌子上吧。”

这是一把普通的水果刀，就是家里削苹果用的刀子，本来它应该插在某家厨房的刀架上，可现在却被包上了塑料膜，和一堆文件一起，静静地放在警长狄升的办公桌上。

“小张，请再把案情讲一遍。”狄升对身旁的警员小张说。

“好的，警长，这个被害人也挺惨的。他从外边出差回来，结果吃了妻子给的苹果后，马上就死了。”小张惋惜地说，“而且从我们在现场勘查的结果看，妻子实际上是将这个苹果切成了两半，她和丈夫各吃一半。”

“那这个女士后来没有事吗？”

“她除了受到惊吓以外，没有其他问题。”小张继续说道，“物证室已经从这把水果刀上检验到了有毒物质，丈夫的尸检报告也显示他确实是中毒身亡的。我们觉得是有人蓄意谋杀他们，正展开调查，但目前一点其他线索也没有。”

狄升看着这把水果刀，突然想到了一个问题，他连忙拿着这把刀赶去物证室做进一步检验，检验结果果然如他所料。狄升告诉小张，不用再追查其他线索了，他已经知道凶手是谁了。

亲爱的读者，你知道狄升认定谁在这把水果刀上下毒了吗？这个下毒人是用了怎样的手段？

头脑发动机

这起案件的关键当然是在那把水果刀上。可一把水果刀，把一个苹果切成了两半，一半丈夫吃了就中毒身亡，另一半妻子吃了却安然无恙，这是怎么回事啊？如果我们将自己的思维发散开去，用非线性的思考方式来解决问题，那么一切疑难问题就都会迎刃而解了。水果刀虽然是同一把，可刀却有两个面。妻子将毒药抹在水果刀的一面，再将这面切出的半个苹果递给丈夫，而自己则吃下没有抹毒药的一面切出的另一半苹果。

47. 百万赎金

开启游戏

“老头子，要不咱们还是报案吧！”

“不行，绑票的不都说了不能报案吗？”

“可不报案，万一他们把二娃……”

“没事，我们赶紧凑够一百万元，给他们送去不就行了。”

“一百万元啊，老头子，这些年都白干了！”

“唉，现在救二娃要紧，再说我让老丁暗中去盯着他们，他办事利索。”

“老丁，他行吗？”

“现在管不了那么多了，一百万元准备好了吧？”

“都准备好了，按他们说的，用布裹上，装到黑色皮箱里了。”

“那好，今天晚上八点，我就去放到东大街那个垃圾桶边上。”

“菩萨保佑，可千万别出什么意外啊！”

“放心吧，准保没事的。”

夜色笼罩在空旷的街道上，一个身材瘦小的老者提着个硕大的皮箱，走到一个垃圾桶边，他将皮箱放到地上，双手仍然舍不得松开箱子。这可是他半辈子的辛苦钱啊，怎么舍得放下。当他终于转身离开后，两双眼睛都盯住了这个箱子。一双眼睛一直隐藏在角落里，布满血丝，那是一双精明的眼睛，只不过经过了岁月的洗礼。

另一双眼睛则俏丽明媚，随着视线的转移，出现了一名婀娜的女郎，她快步走了过去拿起皮箱，迅速离开——一辆出租车经过，她伸手拦下车扬长而去。

躲藏在黑暗中的老丁见状连忙跳入他停靠在街边的轿车，发动油门，加速追了上去。不久，那辆出租车就停靠在了一个地铁站的入口处，女郎提着黑皮箱下了车。老丁快步赶了过去，女子可能发觉后面有人跟踪，便把黑皮箱寄放在地铁站的寄存处，双手空空地离开了。老丁见箱子保存完好，觉得交派给自己的任务算是完成了，便放任女子离开了。

当晚，人质被活着放回，可老丁打开寄存柜后却发现，里面的黑色皮箱空空如也，一百万元现金不翼而飞了。

聪明的读者，你知道这一百万元现金到哪里去了吗？

头脑发动机

我们围绕装有百万元赎金的黑色皮箱展开思考，就会发现除地铁寄存柜外，它还在出租车上出现过，因此真正的绑匪正是那辆出租车的司机。女子乘坐上出租车，司机把皮箱里的一百万元现金取出来后，再把空皮箱交给女郎，让她寄放到地铁站的寄存处，以此打掩护，从而转移了赎金。

48. 银杏树下

开启游戏

“最近市里不太平，又发生了一起绑架案。”警员小张一边吃着午饭，一边对坐在对面的警长狄升说。

狄升最近在忙一个大案，没有参与其他案件的侦破工作，不过出于职业习惯，他还是关切地问：“听说上一个绑架案，人质家属付了一百万元赎金，想私自追查绑匪的下落，可还是让绑匪跑掉了。这起案件又是怎么回事啊？”

“这些有钱人相互之间信息特别畅通，绑架案刚一发生，我们就接到了报案。绑匪这次把城东卖家具的王总的独生子给绑架了，也是索要一百万元赎金。”

“你们现在侦查得怎么样了？”

“绑匪要求今天晚上十点交赎金，也是要求把一百万元现金装在皮箱中，由王总的司机去郊外森林公园中交赎金，还要他在最高的那棵银杏树下挖一个坑，将钱埋入地下。”

“嗯……”狄升将一块鸡肉放入嘴中，若有所思地说，“这两起绑架案时间隔得这么近，而且作案手法相近，很可能是同一个团伙干的，你们把这个案子破了，上一个案子自然也会破的。”

“但愿如此吧，警长，我得马上赶往郊外森林公园去布点，您慢慢吃吧。”说完小张就急匆匆地往外走。

第二天中午，狄升又在食堂碰到了小张，小张一副灰头土脸的样子，全没了昨天去破案时的精气神儿。狄升问道：“小张，怎么了，昨天的绑架案没有破吗？”

“唉，还是那个套路，人质当晚就放回来了，可那一百万元赎金却怎么也找不到。”小张垂头丧气地说。

“怎么回事，你详细说说。”

“昨天我和同事先去郊外的森林公园布点，然后晚上九点钟的时候，王总的司机带着装有一百万元现金的皮箱，驱车赶往约定交赎金的地点，车上还藏有咱们的两名刑警。”

狄升点点头，听小张继续说道：“这名司机下了车后，就摸索着找到那棵最高的银杏树，然后在树下挖坑，之后将皮箱埋进坑中后便离开了。我们这些蹲点守候的人员，等了一晚上，也不见有人来树下取回皮箱，早上我们收到消息称人质已经平安回到家中，我们便去取那个皮箱，可是在坑中只发现了一个空的皮箱，那一百万元现金又不见了！真是奇怪！”

狄升听完小张的讲述，一个大胆的猜想在他脑中产生，他连忙告诉小张如此这般，结果果然抓到了绑匪。

亲爱的读者，你知道绑匪是谁、又是如何取回那一百万元赎金的吗？

头脑发动机

侦破案件的时候要抓住关键信息，以此为基础，不断突破自己的思维束缚，才能直击案件的真相。在这起案件中，那一百万元现金其实一直躺在银杏树下。负责交赎金的司机，就是绑匪，他在挖坑埋皮箱的时候，挖了一个很深的坑，趁着黑暗将钱埋在下层，然后再把空皮箱放在上层埋起来，等第二天早上警察撤走后，再去取回。

49. 一人分饰两角

开启游戏

“最近太辛苦了，周末我要去海边休息一下了。”警长狄升从文件堆积如山的办公桌前站了起来，伸了伸酸痛的四肢。

“警长，要不你带我一起去吧。”警员小张满脸堆笑地说。

“你周末怎么不去找女朋友玩？”

“呃……警长，我还没有女朋友……”提起个人问题，小张显得有些不好意思。

“好吧，这个周末咱们就一起去沙滩度假！”

两人躺在沙滩上，望着蓝天白云，听着海浪翻滚，感到神清气爽、心情舒畅，远处耸立的海岬更增添了几分巍峨气息。他们特意找了这个没有多少游客的海滩，不吵不闹，适合休息。但在不远处立着一顶花格子沙滩帐篷，帐篷里不时传来情侣的嬉笑声，因为隔着帐篷，看不到人，只能听到两个年轻男女的声音。

“警长，要不我们换个地方吧。”小张一脸无奈地说。

“呵呵，你这是被戳到痛处了，你不幸福，还不许别人幸福啊？”狄升笑着说，“不过，这里确实有点吵，换个地方也好。”

正当两人从沙滩上起身准备离开的时候，突然所有的嬉笑声都消失了，只剩下一阵从录音机里传来的音乐声。过了一会儿，音乐声也消失了，随后狄升看到一个年轻男子从帐篷里出来，径直向大海走去。接着，从帐篷里传来了女子的呼叫，男子回过头朝帐篷内挥了挥手，然后纵身跳入海中游起泳来。

安静了没一会儿，突然传来一阵尖叫声，狄升又看到一个头戴贝雷帽，身穿运动服的男子从旁边那顶花格子帐篷里出来，他戴着一副很大的墨镜，留着络腮胡子，向四周张望了一下就迅速离开了。狄升不知道帐篷那里发生了什么，很想去看一下，但又怕是年轻人自己闹矛盾，外人不好干涉。

又过了一会儿，那个游泳的年轻男子回来了，他一走进帐篷就开始大喊："杀人了！杀人了！"

狄升和小张连忙赶过去，发现一名年轻女子被人勒死了。当地警方接到报案后，迅速赶了过来。经核实，狄升看到的那个留着络腮胡子的男子可能是死者的前男友。所以，警方将他列为重要嫌疑人。但此人却有明确的不在场证明，那么，凶手到底是谁呢？

头脑发动机

既然死者的前男友有明确的不在场证明，那就只能将他排除掉。这说明有人进行了伪装，要嫁祸于他。与此案相关的人就还剩下那名年轻男子。这时，我们不妨突破自己的思维束缚，大胆推测，这名男子一人分饰了两个角色。在花格子帐篷里所有声音消失时，女子其实已经被这名男子勒死了。男子进入海中游泳时，从帐篷里传出的女子呼唤声其实是录音机里的录音。男子播放这段提前录制好的录音，意在制造这名女子当时还活着的假象，以此证明人不是他杀的。男子游到远处后，绕到海岬背面，将事先准备好的衣帽穿上，伪装成女子的前男友，跑到帐篷里假装杀死女子，发出声响，引起周围人的注意后再假装逃跑。后来，他又到海岬后面，穿上自己的衣服，从海里游了回来，再假装发现女子的尸体，大喊"杀人了"。这就是年轻男子的全部作案过程，亲爱的读者，你想到了吗？

50. 两行脚印

开启游戏

“警长，郊区发生了抢劫案！”

“好的，马上出发！”

一队警车闪烁着耀眼的警灯，疾驰在通往郊区的柏油马路上。到了案发现场时，他们远远地看到一个身材瘦高的中年男子和一个身材矮胖的青年男子正拼命往山里面跑。

狄升警长带着一队警员马上对其实施追捕。由于山路崎岖，而且这一带刚下过雨，地很湿滑，狄升他们只能顺着两个嫌疑人在山间小路上留下的清晰足迹跟踪。可他们追踪到一个陡坡边的乱草丛时，却发现那两行脚印不见了。经过仔细寻找，才在这座陡坡上重新发现了脚印，可是这两行脚印延伸到悬崖边上后，就又不见了。狄升站在悬崖边往下看，发现下面是一个深不见底的水潭，潭水绿莹莹的。

这时警员小张说：“警长，看来他们两个人是跳崖了，我们去悬崖下面搜查吧！”

狄升回过头来，又仔细查看了一遍地上的这两行脚印，然后笑着说：“人没有跳崖，他们可真是好演员，把功夫都用在这方面了，人就藏在土坡附近，我们分头搜索！”果然，他们在坡下一个小坑中找到了这两名嫌疑人。

小张这时心里又增添了一分对狄升的钦佩，向他问道：“警长，你是怎么看出来的？”

狄升指了指坡上的两行脚印，笑而不答。

亲爱的读者，你知道这两名嫌疑人是如何伪造出上坡跳崖的假象吗？关键确实是如狄升警长指出的，在于那两行脚印哦。

头脑发动机

两名嫌疑人是这样表演的，他们跑到这个陡坡下，瘦高的中年男子直接躲到土坑中，矮胖的青年男子则拿着瘦高男子的鞋，独自往山坡上走，直到上到悬崖边，然后他换上瘦高男子的鞋，再倒退着走下来，企图造成两个人都已经跳下山崖的假象。但是因为下坡时，他是退着往下走的，步距自然会比上坡时小，狄升警长就是据此识破了两人的把戏。

51. 手抓饭

开启游戏

黄丽丽去新疆旅游时，爱上了新疆的美食，特别是手抓饭，所以她在当地认真学习了一下。回来之后，她立刻找来一帮平时要好的姐妹，宣布要做手抓饭让她们尝尝。

第一个到的客人是王巧，她是一家服装店的老板娘。打扮时尚的她刚把电视打开，便又有客人到了，是在医院工作的邱玲，她还带来了自己的表姐张洁，一个漂亮的女刑警。虽然和张洁是第一次见面，大方开朗的黄丽丽还是十分热情地招呼她，同时端出了各色美味的新疆干果款待大家。

当医生的邱玲让黄丽丽拿几根牙签出来，黄丽丽却笑着说："今天是吃手抓饭来的，所以你们要提前适应用手抓东西吃。"

最后一个到的客人是李娜，她在一家超市做主管。黄丽丽开始在厨房里忙乎着做手抓饭了，而外面几个女人一边聊天，一边吃着美味的新疆干果。

邱玲小声对表姐张洁说："表姐，我们去厨房看看黄丽丽怎么做手抓饭吧，学会了的话我们自己回去也可以做啊。"

张洁对怎么做手抓饭没有兴趣，正要拒绝，却看到了表妹冲她一个劲儿地眨眼。两人离开客厅后，邱玲嘀咕道："真没想到黄丽丽会叫王巧来呀！"

"怎么了？"张洁随口问道。

"王巧以前可是黄丽丽的情敌，她仗着自己长得漂亮，把黄丽丽从大学时就在一起的男朋友给抢走了。虽然这事过去了这么多年，可黄丽丽这人也真是大度啊！"

"嗨，这事啊，人家都不在意了，你瞎操什么心啊！"

邱玲小心地朝客厅望了一眼，又说道："表姐，这王巧可不是什么好人，别看我们在的时候她和李娜也开玩笑，可现在只剩她们俩了，客厅里就只有电视机出声了。"

张洁不禁好奇道："李娜和王巧又有什么矛盾呢？"

"以前王巧刚开店的时候，找李娜借了十万块钱，说好一年就还。可一年之后李娜去找她要钱的时候，王巧却说自己资金周转不灵，希望再宽限一阵子。直到去年年底，人家李娜结婚用钱了，找到已经开上分店的王巧要那十万块钱，王巧居然不承认当年借过这笔钱，还对天发誓说自己要是撒谎就被雷劈。害得李娜婚礼都没办成，还差点和男朋友分了手。你说这个王巧是好人吗？”

张洁听了感叹道：“这么做的确过分了。”

正在这时，黄丽丽端着一大盆手抓饭过来了，笑着对她们俩说：“你们两姐妹在这儿说什么呢，这么认真，赶紧准备吃饭了！”

五个人刚一坐下，王巧突然说道：“我先去上个厕所，你们可别偷吃哟！”

邱玲不满地冷笑道：“刚才这么久闲着，你怎么不去呀？”

王巧愣了一下，刚想还嘴，见到李娜已经先说了一下“抱歉”便急急忙忙向厕所跑去。张洁看到走廊那边有灯闪了几下，李娜走了回来。王巧才匆匆跑进了厕所。

等王巧回来，黄丽丽端了一盘手抓饭给她，王巧吃了一大口，大赞美味。可话音未落，王巧突然浑身抽搐，口吐白沫，倒地而亡。张洁叫大家不要乱动现场的物品，她马上拨打了110报警。

法医经过检查得出结论，王巧是死于中毒。警方对这几个人都进行了检查，没有人身上携带有毒物质。厨房里的所有器皿、调料、食品等，也都经过了检测，没发现一丝一毫的毒物迹象。餐桌上的东西也全部经过了化验，依然没有任何发现。

鉴定人员又对所有人的手指进行了检测，结果只有死者王巧的右手食指上粘有毒药成分，其他人都没有。黄丽丽递给王巧的那盘手抓饭，经过技术人员的检测也是无毒的。

聪明的读者，你知道王巧手指上的毒是哪里来的，凶手又是谁吗？

头脑发动机

只有打破常规思维，才能找到案件的真相，这起案件的凶手就是李娜。她抢在王巧之前去厕所，就是为了下毒。张洁看到的卫生间那条走廊上光线的变化，实际上是李娜往卫生间灯的开关上涂抹毒药造成的，涂完之后，李娜把剩下的东西扔进了马桶里，以便销毁证据。王巧去卫生间的时候，按动了开关，右手食指便沾上了毒药，回来之后她将手抓饭放进嘴里便中毒了。

第七章

还原案情，提升想象再造能力

技巧简介：借助丰富的想象力发现案件端倪

想象力是人在已有形象的基础上，在头脑中创造一个念头或画面的能力。在德国作家米切尔的《永远讲不完的故事》一书中，幻想王国正在毁灭，只有想象力才能挽救它。其实，想象力的重要性是再怎么强调都不为过的。大科学家爱因斯坦曾经说过："想象力比知识更为重要。知识是有限的，而想象力则包围着整个世界。"

同样，我们在侦破疑案时，也离不开丰富的想象力。如果你的想象力足够强大，就可以在头脑中进行想象思维，通过形象化的概括作用，对头脑中已有的记忆表象进行加工、改造以及重组。在实际运用中，想象思维又可以划分为再造想象思维和创造想象思维。再造想象思维是指我们在经验记忆的基础上，在头脑中再现客观事物的表象；而创造想象思维则不仅再现已有形象，还要创造出全新的形象。

当然，要充分运用想象力，不下点苦功好好打磨锻炼是不可能的。我们平时就要学会调动自己积累的生活经验，一点点地进行创造性的加工，拥有自己的新想法、新判断。下面，就请运用你的想象思维，去破解一个个迷案吧！

侦探游戏：大胆假想，小心求证

52. 消失的绳子

开启游戏

深夜，风雨交加，拖着疲惫的身躯刚回到家的警长狄升，被一阵电话铃声惊醒。他连忙打开台灯，低头一看，现在是凌晨两点多，心里正要抱怨，但扫了一眼来电显示，发现是夜班执勤的电话，立刻睡意全无，坐起来接了电话。

电话中传来一阵急促的声音：“狄警长，富贵湾发生了命案。”

狄升打了个激灵，便连忙说：“好的，我马上去现场！”

富贵湾是一处别墅区。当狄升驱车来到富贵湾的时候，雨稍微小了些，在幽静的小区中，有一幢别墅前却灯火通明，警车的灯光不停闪烁。狄升来到这处两层小楼前，助手小张就迎了上来，简单陈述了一下案情：“警长，这起案件的死者是万有集团董事长方卓，报案人是他的管家。据管家说，他当时睡在一楼楼梯间里，突然听到一声枪响，然后走到客厅中，就发现方卓倒在血泊中，身旁是他私自藏匿的一把手枪。”

“哦，现场还有什么人？”狄升皱起了眉头问道。现场有枪，案情就更复杂了。

“还有方卓收养的义子方恩，他当时在二楼的房间休息。”

听完了案情介绍，狄升心里隐隐觉得有些底了，等走进别墅，他还是被眼前的一切震撼了。只见房间内金碧辉煌，非常奢华，客厅的地板铺着高档的地毯，宽大的真皮沙发上，一个身着丝绸睡衣，身材发福的五十多岁中年人歪斜地倒在沙发背上，侧脸在太阳穴偏上的位置，有个黑红色的血窟窿，一把手枪在他下方的地毯上。

这时，狄升感到一阵凉风吹了过来，一转头，巨大的落地窗竟然敞开着，风就是从那里吹进来的。狄升又询问了一下管家的情况，基本上与刚才小张的介绍相符，看得出管家非常悲伤。然后他把方恩叫了过来，这是个二十岁出头的小伙子，身材健硕，倒是没有富家子弟那种轻浮的样子，但脸阴沉着，似乎在强忍着眼泪，也可能是根本没流过泪。狄升问：“你听到枪声了吗？那时你在哪里？”

“我在二楼卧室正睡觉，突然被一声枪响惊醒，下楼后就发现义父已经死了。”

“你怎么看你义父的死呢？”狄升接着问。

“他是压力太大了，最近公司经营不善，马上就要周转不开了，所以才选择用自杀的方式了结自己。”方恩肯定地说。

“哦，你认为是自杀？”狄升感到有些疑惑，这时枪身上的指纹鉴定结果出来了，只有方卓自己的指纹，而且根据方卓头上的弹痕判断，他也确实是死于这把手枪之下的。

狄升又转向管家：“枪响之前，你发觉什么异常了吗？”

“没有，我睡在楼梯下，客厅里或是楼梯上有动静，我都会知道的，当时没有外人闯入。”

“那时方卓在干什么，为什么那么晚还在客厅里？”

“昨晚老爷和少爷吵了一架，老爷说自己睡不着，就在客厅休息会儿。”说这话时，管家用余光战战兢兢地瞟了一眼方恩，毕竟他以后就是这个屋子的主人了。

“那为什么客厅窗子都是开着的？”狄升继续问道。

“哦，少爷临上楼前说让老爷清醒清醒，说是时代不同了，得马上交出公司的控制权才行，所以让我把窗子都打开了。老爷也没反对，所以窗子一直是开着的。窗子是推拉式的，外边还有防护栅栏，应该进不来人的。”管家一五一十地回答。

听到这里，狄升觉得案情已经基本明朗了，转身对助手小张说：“你们仔细搜查二楼，还有阁楼，看看有没有绳子。”

接到命令后，小张一头雾水，不明白为什么别的证物不去搜查，偏偏要在这么高档的别墅中找绳子。看见小张的表情，此刻心情渐好的狄升冲着他，用手指在自己脸边画了个圈，那意思似乎是说：你发挥发挥想象力吧！

聪明的读者，故事讲到这儿，想必你已经知道案情的关键了。当然若是还不知道的话，不妨也学学狄升的样子，轻轻为自己画个圈吧。

头脑发动机

让我们想象自己也来到了案发现场。从种种迹象来看，管家的作案嫌疑应该可以排除，他没有动机杀掉给自己提供优渥待遇的金主，再结合管家的证词且一楼窗外有护栏来看，别墅外人员作案的可能性也很小。那么现在最大的嫌疑就是方卓的义子方恩了，而且方恩有作案动机。案发前他与方卓大吵了一架，就是为了争夺公司的控制权，若是警方判定方卓自杀，那么他就是获利最大的人，能够顺利继承方卓的遗产，可他又是如何作案的呢？他在二楼，而且据管家说，楼梯没有动静，即使他悄无声息地来到一楼客厅作案，枪声响后，他也会被管家发现。因此，这里的关键就在一楼与二楼的连接方式上。凶手可以用一根粗绳子，一头固定在二楼，一头拴在自己身上，顺着绳子下到一楼，来到一楼敞开着的窗户外，戴着手套拿枪瞄准被害人侧脸太阳穴位置，将其射杀，然后把凶器扔到被害人身边，之后再顺着绳子爬回二楼，就可以完美伪造出方卓自杀、自己不在场的假象。只可惜，机关算尽，还是没能逃过正义的眼睛。

53. 蹊跷的脚印

开启游戏

在一个老旧小区的门卫值班室里，这些天总能传出阵阵爽朗的笑声："哈哈，我的拆迁款马上就要到手了，有好几百万元啊，这下发财了！"

说话的是手上戴着大金戒指、脖子上挂着金项链的王虎，要不是看他身上穿的旧保安制服，别人没准会以为他就是这儿的领导。

"是啊，王哥，你这下可太厉害了，以后还得多关照我们啊。"张顺从小凳子上起身，跛着脚挪到桌边，给王虎的茶杯续满水。张顺在厂子里出了工伤，早早内退了，他上有老下有小，腿脚又不方便，只能找了这个门卫的差事。

"哼，有什么了不起的，还不是你老子当年占的棚户房，憋屈一辈子了，到死都守在那蛐蛐笼子里。"桌旁的李明狠狠抽了口烟，嘴巴向外吐出这几句话。

"李明，你小子说什么呢，看我发财你心里不痛快是不是！"王虎站起来，就要用他那双蒲扇大的手去抓对面坐着的李明，现在他感到自己说话办事气势都上来了，哪能容得这小子撒野。

张顺见状，连忙伸手去拦："唉，大家都在一块上班，犯不上为几句玩笑话坏了情面。李明，快给王哥赔不是！"

"我跟他有什么情面。"王虎一屁股又坐回折叠椅上，从怀中拿出一根大中华，独自吧唧吧唧抽了起来。

李明愤恨地从椅子上站起来，冲出保安室，顺手将补着大大小小窟窿的纱门重重地关上。

两个月后，王虎的拆迁款下来了，小区大门口响了好一阵鞭炮声。又过了两个月，警方接到报案，小区内发生命案，一名中年男子惨死刀下。

警方来到案发现场，发现死者是王虎，现场一片狼藉，他家里被翻得乱七八糟。警方初步判断，这是一起入室抢劫案。凶手从被害人家一楼的小院栅栏翻入行凶，现场提取到了多枚足印，但没有找到有价值的指纹。经过对足印进行技术分析，凶手身高应该在170厘米到185厘米之间，最突出的特征是左脚外跛。根据分析结果，警方当天就传唤了最大的嫌疑人张顺，他的身高和脚部特征与现场留下的足印都相符，特别是警方还从他的鞋底上提取到了被害人院子中的泥土成分。

张顺被传唤后，一脸苦相，这些年他够倒霉的了，王虎拆迁发财，自己非但没有得到一点好处，还被牵连进了公安局，怎么想怎么不是滋味。

“说说吧，昨天晚上你干什么了？”

“昨天该我值夜班，我一整晚都睡在门卫值班室啊。”

“有人能证明吗？”

“有啊，物业经理给我排的班，他说我腿脚不好，夜班基本都排给我了。”

“我是说有人看到你一整晚都在值班室了吗？”

“哦，那没有，大晚上的谁不回家躺床上睡觉啊？”

“好吧，”警察低头做着记录，然后继续问道，“你这双鞋是哪来的？”

“两个月前劳保用品店买的啊，我跟李明一起去的，物业这儿就给身衣服，不管鞋。”

“昨天晚上你这双鞋放在哪里了？”

“放我床边啊，下地也方便。”

“昨天晚上没有别人进入值班室吗？”

“没有，我一直插着门，晚上也没听见什么动静，所以我也没去巡逻。”说到这儿，张顺不安地搓了搓自己的手。

“今天早晨谁接你的班？”

“李明，这小子还给我捎了套煎饼馃子。”

审讯到这里，警察已经摸清了案情，他们也提审了李明，虽然他的身高与嫌疑人的也相符合，但他死活不肯承认，直到警方将他的作案手法讲解清楚，他才低下了懊悔的头。那么，李明是如何作案的呢？他是用哪种办法试图瞒天过海的呢？

头脑发动机

如果我们好好发挥一下自己的想象力，充分还原作案预备、现场实施、事后处理过程，就可以发现这个案件中那双鞋印最是蹊跷，也最有可能成为案件的突破点。李明在两个月前，特意陪张顺去买鞋，记下了张顺鞋子的号码款式，事后他又去买了一双相同的鞋，并且不时试穿做旧。在案发当晚，他将这双鞋与张顺的鞋换了过来，然后穿着张顺的鞋去作案，并故意在凶案现场留下鞋印。作案成功后，李明又利用早晨与张顺换班的机会，将鞋换了回来，从而嫁祸他人。如此隐蔽的作案手法确实容易迷惑警方，但最终还是这双鞋，透露了玄机。聪明的读者，你刚才想到了吗？如果你也是这样设想的，那我们真该击掌相庆；如果没有想到，那么就请继续耐心阅读下去吧。

54. 登山迷案

开启游戏

在郊外的一片森林中，警方接到报案，有人在林中发现了一具男性死尸。警方赶往现场后，发现死者年龄在三十五岁左右，身上没有带证件，暂时无法判断其身份。死者身上穿着一件土灰色T恤衫，背后背着一个登山袋，登山袋中有手电筒、登山斧、救生绳等登山工具。

死者脑后破损，腹部异常平扁，后经过医学解剖发现，其胃里只有野草莓和草种子。警方初步推断，死者是迷了路，在山里摸索了四五天，饿了只能随便摘些野果充饥，由于过度饥饿，不慎从悬崖上摔下致死。

但是一位警察从死者家属那里了解到，死者之前从未登过山，这次突然独自去山中探险。后来警方经过严密调查后发现，这是一起经过周密筹划的谋杀案。

亲爱的读者，你知道凶手是用什么方法制造出这起登山迷案的吗？

头脑发动机

要侦破这起案件，首先需要充分发挥我们的想象力。死者胃中只有野草莓和草种子，并不一定是在山里自己采来吃的。凶手把这名被害人关在一个密闭的房间里，不给他水和食物，只给他吃一些从这座山里采来的野草莓和草种子。经过几天时间，被害人胃里就只剩下这些东西了，然后凶手再将奄奄一息的被害人带到悬崖上，从那里推他下去，制造出登山者落崖身亡的假象。

55. 一根白线

开启游戏

一个夏日午后，狄升警长正靠在椅子上打盹。突然，办公桌上的电话铃声炸雷似的响起来，狄升直接从椅子上跳了起来，拿起了电话听筒，只听电话那边说道："警长，有人在万全公寓发现一名年轻男子被人勒死了。"

"知道了，我马上去。"狄升紧了紧领口，快步走出了办公室。

不到一刻钟，狄升就来到了案发现场。死者年龄在二十五岁上下，脖子上有明显的勒痕，死亡时间不超过一个小时。这间公寓房的窗户插着插销，房门的防盗链也是挂着的，房门与门框之间也没有缝隙，不可能用工具将房门的插销插上。整个房间与外面完全隔绝，要不是尸体旁边有一台电风扇一直嗡嗡地转，屋里就更热了。

狄升一边在房间里查看，一边在思考凶手是怎样从这间密室中逃出去的。现场没有发现任何有价值的线索，房子的布局跟一般公寓房差不多，只是狄升在房门外发现了装有保险丝开关的保险盒。正当他热得浑身是汗，走近电风扇想吹吹风时，突然发现电风扇扇叶轴上卷着一根白线。这根白线一定跟这起凶杀案有关，可凶手是怎么利用这根白线制造密室杀人案件的呢？

头脑发动机

我们需要进行充分的想象，将这间公寓房布局的独特之处，即门外安装的保险盒，连同那条电风扇扇叶轴上卷着的白色的线，组合起来思考，就会还原案发现场的情况。凶手先把门外的保险盒拉下来，使屋内处于停电状态，然后把电风扇的开关设成“开”的状态，把系在电风扇转轴上的白线穿过房门上的插销槽，系在插销柄上，再站在门外，从门缝中伸进手将白线与插销缠系在一起。在这些机关都布置好后，凶手合上门外的保险盒，使屋内重新来电，电风扇旋转起来后，那根白线就会卷进扇轴里，从而拉动插销柄，使之落进插槽内，随着拉力的增强，白线就从插销上脱落，被卷进电风扇的扇轴里。若不是仔细观察，是不能发现这根白线的；若不是充分想象，是发现不了这宗密室杀人案的真相的。

56. 手机杀人

开启游戏

一栋豪华别墅内，一家人坐在一楼客厅的真皮沙发上，听着墙角的英式立钟发出嗒嗒声，沉默着。

终于，年纪最小的李九霄耐不住性子，率先发难："三叔的病看来是不行了，医生说他顶多再活三个月，我那份遗产什么时候分给我？"

"你急什么，护理的时候不见你的影子，每次来这里就是来争遗产的。"二姐李贺不耐烦地说。

李九霄霍地站了起来，满脸通红，向坐在对面的大哥李云白和二姐李贺说："我听说老头子要把财产都分给你们，是不是真的？"

这时一直沉默的大哥李云白点燃了一根烟，缓缓说道："三弟，你不要着急，现在护理好三叔是最重要的，至于其他的事，你不要瞎操心了，三叔虽然不能动，但心里是明白的，谁对他好，他自然想着谁。"

"你……你们……"李九霄用手指着对面这两个人，气得说不出话来，最后他一狠心说道，"好，那看谁把三叔照顾好！"说完就向楼上走去。

看着他的背影，二姐李贺跷起了二郎腿，说道："哼，也得让他伺候伺候这个老家伙了！"

过了一刻钟的工夫，李九霄脸色阴沉地走下楼，一屁股坐在沙发上，一言不发地掏出手机就开始玩。这时楼上的临时病房中传出很大的电视声音，先是地方戏，然后就是电影中的对白声。

“这老头，耳朵越来越不好了，看个电视还弄出这么大声音。”李贺不满地说。

“算了，他还能看电视，说明精神还不错，咱们先好好歇着吧，过会儿他发起脾气来可有的受。”李云白劝慰道。

可是李家三叔再也没有发脾气。当天晚些时候，一行人上楼给他送饭时，发现这个打拼了一辈子的老人已经死去了，胡桃实木的床头柜上还有一杯喝了一半的清水，旁边装液体安眠药的瓶子全空了。

李云白说什么也不信老人会自杀，因为老人要是自杀的话，遗产就会在三兄妹间平分，而不是按照他一直以来劝说的那样，于是他不顾家人的反对，报了警。警方来到这栋豪华别墅的二楼卧室的时候，发现老人还躺在可调节高度的高档病床上，房间窗户被从里面锁上，屋里陈设比较简单，只在墙上挂着一台新式液晶电视。警方初步判断，这是一起自杀案件，可气急了的李云白却指着三弟李九霄说：“不对，是你杀了三叔！”

李贺虽然也有这种感觉，而且她也希望事情确实是这样，但还是禁不住问道：“大哥，你为什么这么说？”

这时李云白转向了身旁的警察：“手机，你们快检查他的手机！”

后来警方果然在李九霄的手机中找到了蹊跷之处。亲爱的读者，你知道那是什么吗？李九霄真是杀人凶手吗？

头脑发动机

这是一起利用现代科技制造不在场证明的谋杀案。李九霄上了别墅二楼后，给他三叔灌下大量液体安眠药，之后打开墙上的电视，再回到楼下。为了制造这时他三叔仍然活着的假象，他利用手机上的电视遥控小程序，操纵二楼的电视调音换台。

57. 火车轨道

开启游戏

在西部一个偏僻的小车站，一列火车碾死了一个女人。

接到报案后，警方展开调查，在女子的胃中检查出了大量安眠药，可这仍不足以判定就是他杀，也可能是这名女子躺倒在火车轨道上后，服用了安眠药以减轻被火车碾压时的疼痛。但警方还是锁定了一名重大的作案嫌疑人，也就是被害人的前夫。他对自己的前妻一向怨恨，在不同场合都曾扬言要杀了她。

巧合的是，发生事故时，这名嫌疑人就在那趟列车上，有列车乘务员给他作证。

据列车乘务员回忆，在火车刚刚过了那座小车站之后，这名男子就到乘务室打听火车下一站停靠的时间，而之后不久，火车就在轨道上碾死了那个女人，因此乘务员的印象很是深刻。于是，这名嫌疑犯就有了充分的不在场证明。

警方又询问了还在懊悔中的火车司机，他对发生这种事情表现得很是无奈。除了一遍遍地说他是无意中碾死那个女人的之外，火车司机还提到，那天晚上火车在通过那座小车站之前不远处，曾临时停过一次车，也是因为有人要卧轨自杀而实施了紧急刹车，但后来发现火车碾压的不是人，而是一个人形模特。

警方听到这条线索，再结合火车进出车站的情形，立刻识破了那名男子的伎俩。

那么，坐在行驶中的火车上的嫌疑人采用了什么手段杀死了前妻呢?

头脑发动机

那名男子先给前妻灌下安眠药，然后将其搬到小车站外的铁轨上，再折回车站方向，把人形模特放在这一带的铁轨上。当火车压上人形模特而紧急停车时，他趁乱上车，之后再特意找到列车乘务员制造自己不在场证明，后来当火车真的压死其前妻时，他已经悠闲地坐在火车上了。

58. 盲人枪击

开启游戏

千万富翁张洛舫正在自己的家中举行盛大的派对，参加派对的有很多生意上的朋友，包括一些平常跟他走动很少或是基本不来往的客人，特别是要收购他公司的那个家伙也三请五请之后被他邀请到了。好戏马上就要开始了。

“李总，您能大驾光临，真是令我们这里蓬荜生辉啊！”张洛舫端着两杯鸡尾酒，将其中一杯交给了这个死对头李子期。

“张总，你客气了，马上我们就是一家人了，哈哈。”李子期接过酒杯，也不推辞，一饮而尽。

“李总，就没有回旋余地了吗，我这小公司怎么能入您的法眼？”张洛舫还想做最后的挣扎。

“你说的哪里话，前期都已经运作好了，你就等着坐在家里数钱吧。”李子期当场回绝张洛舫不想公司被收购的最后请求。

张洛舫咽了口口水，从牙缝里挤出几个字：“好吧，那就请李总留个影吧，那株樱桃树刚结果，您就站在那里，我给您拍张照片吧。”

“好啊，樱桃好啊，红樱桃象征着事业兴旺，就在那里来一张。”李子期说着就走到樱桃树前，双手叉腰做出一副胜利出征的样子。

“李总，这边光线好些，您稍微再往左站一些。好，就这样，非常好！”张洛舫话音刚落，大厅台阶上张洛舫的夫人失手将酒杯掉在地上，在酒杯落地摔碎的瞬间，“砰”的一声枪响，李子期应声倒地。

人们顿时乱作一团，有人立刻报警。很快，轰鸣的警车就停在了这栋别墅的庭院外。警方勘查了现场，发现李子期已经死亡，一颗子弹不偏不倚洞穿了他的胸膛。从弹道痕迹看，子弹应是从二楼发射的。办案民警快步来到别墅的二楼，发现在二楼的一间书房里，有个人独自坐在那里，他的眼睛灰蒙蒙的。

张洛舫也跟了上来，连忙介绍：“这是我的独子张小舫，家门不幸，他天生就眼盲了。”

民警问张小舫：“你刚才听到什么动静了吗？”

“我嫌楼下太闹，就在这里休息，刚才有个人走进书房，也没说话，然后我就听到一声枪响，之后他就跑掉了。”张小舫回答道。

民警在二楼窗台边的书桌上发现了一把五四手枪，子弹应该就是从这把手枪中射出去的。他觉得这件事有些蹊跷，便在书房中随意地来回踱步，眼睛却在一刻不停地寻找着什么。终于，他在窗台边的窗帘下，发现了一把铁钳子，这里怎么会有这个东西？突然，他想明白了，转身对张小舫说：“刚才就是你开的枪吧？”

“怎么可能，我的眼早就盲了，即使能扣动扳机，又怎么瞄准呢？”张小舫情绪激动地说。

“用那把钳子啊。”民警肯定地说。

站在一旁的张洛舫脚有些发软，他导演的这出好戏看来是被人识破了。

亲爱的读者，你知道办案民警是如何识破这起盲人枪击事件的吗？

头脑发动机

办案民警运用了自己的想象再造能力，还原了案情。张洛舫事先用铁钳把手枪固定在二楼书房窗台边的书桌上，枪口瞄准一楼庭院中的樱桃树。然后张洛舫装作要给李子期拍照，让他站到那个固定的位置上，这样手枪射出的子弹就会正好射中他的胸膛。为了给二楼的张小舫发送信号，张洛舫在说完“非常好”后，他的夫人故意将酒杯摔到地上。张小舫一听到这个暗号就扣动手枪扳机，然后，张小舫再摸索着把手枪从铁钳上卸下来扔到窗帘下面。

59. 匕首遁迹

开启游戏

一个搞航拍的男子报案称，其妻子在自家公寓房间中被杀。警方赶到现场后发现，一名女子满身鲜血地躺在地上，初步判断系被利刃刺伤致死，死亡时间不超过两小时。办案民警随即调取了公寓楼的监控录像，发现没有外来人员进入死者房间，于是便把调查重点放到死者丈夫身上。可经过多次询问，这名嫌疑人只说自己回到家中就看到妻子已被人刺死了，然后赶紧报案。案件侦查就此陷入僵局，而且最麻烦的是，作案凶器一直没有找到。

办案民警带着助手将这栋公寓楼搜查了个遍，连周边地区也找了，就是找不到凶器。直到他们将调查范围进一步扩大，才在另一栋大楼的楼顶上发现了一把匕首，经过比对死者的伤口痕迹，判断这把匕首就是作案凶器。可是如果那名男子就是凶手的话，他没有时间在作案后将凶器抛到这么远的一栋楼的楼顶上，而且这栋大楼的内部监控也显示，该男子并未在那个时间段进入过大楼。

亲爱的读者，你知道这个案件是怎么回事吗？

头脑发动机

死者的丈夫从事航拍工作，很熟悉无人机的操纵，他将那把匕首固定在无人机上，然后操控无人机飞到那栋大楼楼顶上，抛下匕首后再令无人机返回。

60. 白水和咖啡

开启游戏

李贝朗和刘大明在争副总经理职位的事，单位里尽人皆知。

他们两人虽然表面上仍然对对方很和气，可内心里都恨不得对方早点死掉。可表面功夫还是得做，毕竟大家都在一个办公室里给老板打着工。

这天下午，天气异常阴沉，李贝朗从工位上站了起来，拿着杯子起身去倒了一杯白开水。

“哟，贝朗，怎么喝起白开水来了，还是让我给你来杯咖啡吧！”一位女同事殷勤地说。

“哦，我是想吃点舒心的药，最近烦心事比较多。”说着李贝朗的目光扫过了坐在邻桌的刘大明，然后带着轻松的口吻接着说，“不过咖啡总比白水好喝，麻烦你再给我来杯咖啡吧！”李贝朗边说边从裤兜里掏出一个小药包。

“给我也来一杯咖啡，谢谢了。”刘大明不甘示弱地冲着咖啡机边的女同事说。

“好的，这就来。”女同事知道刘大明和李贝朗又较上了劲，以后的副总经理将会从这两个人中产生，自己现在最好谁也不得罪，于是端了个托盘走了回来，一杯递给了刘大明，另一杯递给了旁边的李贝朗。托盘上的其他咖啡则被她递给了其他同事，毕竟献殷勤也不能太明显啊。

刘大明端起咖啡，吹了两口，瞥了李贝朗一眼，伸手从放在两人桌子中间的砂糖壶中舀了两勺糖放在自己的杯中，再将砂糖壶移到李贝朗那边，然后挖苦道：“李贝朗，喝咖啡还是要加糖的，要不然嘴里就会很苦。”

李贝朗没有回话，只是安静地盯着电脑屏幕，他似乎在等待着什么。刘大明端起杯子只喝了一口，就突然剧烈咳嗽起来，咖啡都溅到桌子上了，上面的稿纸都湿了。李贝朗见状马上将自己喝药剩下的大半杯白水递给刘大明，刘大明接过去一口喝尽，但他喝完之后双手开始颤抖，杯子从手中脱落掉在地上摔得粉碎，随即他便瘫倒在椅子上。

警方赶到现场的时候，刘大明已经断气了。警方经过鉴定，只有刘大明的杯子中含有有毒药物，其他人的杯子及砂糖壶上都没有化验出有毒成分。当然那个献殷勤倒咖啡的女职员首先就被怀疑了，但她并没有杀害刘大明的动机。

后来警方经过进一步鉴定，发现刘大明洒在桌上稿子上的咖啡没有毒，从而最终锁定了犯罪分子。

聪明的读者，你知道是谁下的毒，这人又是怎样毒死刘大明的吗？

头脑发动机

凶手是李贝朗，他将一点点盐撒在了砂糖壶上层的白糖上，刘大明舀糖的时候，将这些盐都放到了自己的咖啡杯中。接着他喝了一口带盐的咖啡，所以会剧烈咳嗽，实际上这时杯子里尚无毒药，只不过在场人回忆起当时的情景以为是中毒症状。然后李贝朗趁众人都在看刘大明之际，将毒药洒在自己装白开水的杯中，假意帮助刘大明，递给他让他喝掉，最后在刘大明死了后，再趁机在刘大明的咖啡杯中下一些毒，以起到伪造现场，嫁祸女职员的目的。但是由于刘大明洒在桌上稿纸上的咖啡是无毒的，所以警方最后还是运用想象力，还原了整个案件经过。

第八章

移植知识，提升科学判断能力

技巧简介：巧用科学知识拨开案情迷雾

证据是用眼睛发现的，更是用头脑发现的，说得更确切些，是运用头脑中的知识发现的。而这些知识涉及方方面面，首要的是侦查工作本身的知识，比如刑事照相，痕迹检验及笔迹、指纹、毛发的鉴定等常用的侦查技术手段。这些都是专门的刑侦知识。与此同时，办案人员还需具备丰富的其他领域的知识。

柯南·道尔在《血字的研究》一书中，为福尔摩斯列出了这位大侦探的身上所具有的浓厚的科学素养，他笔下的福尔摩斯拥有精深的植物学、动物学、地质学、生理学、化学、解剖学以及天文学和物理学的知识，也就是说，福尔摩斯是一个学识渊博的科技人才。

培根所说的“知识是力量的源泉”这一名言，用在侦探探案上一点也不为过。我们再举个例子，在杰克·福翠尔所著的《科学杀人法》一文中，有一个名叫丹布利的小姐的死，让人称“思考机器”的范杜森教授大伤脑筋。这位丹布利小姐不是服毒自杀，尸体的心脏大小正常，没有产生因为服毒而引起的扩大或缩小痕迹，身上也没有外伤，只是在脸上有个小伤口。那个伤口像个小孔似的，就像是有人拿着一个针头刺穿了她的脸颊。经过法医鉴定，这位小姐不是被毒死、勒死、刺死、压死、炸死，也不是从飞机上摔死，或是被骡子踢死的。

最终，范杜森教授通过灵活地运用自己所掌握的知识，找到了案件的真相。他找到一个厚玻璃管，玻璃管一端是封闭的，另一端的开口附近有个活塞开关，他用一块厚的橡皮，把玻璃管的开口盖住，然后打开活塞开关，这时不论怎么用力，都不能将橡皮拉开，这是真空的吸力产生了这种力量。但若是用一根钢针刺入玻璃管，再将钢针抽出来时，盖在玻璃管口的橡皮过一会儿就会自己脱落。通过这种方法，假如在嘴唇上放一个玻璃管，打开活塞开关，人就动弹不得，没有办法挣扎呼救，全身麻痹，不到两分钟就会一命归西。在人死了之后，为了拿走玻璃管，只要在脸颊上刺一个小孔就行。

这位科学侦探还指出，所谓天才就是那些能活学活用的人，而不是那些学而不用的人。亲爱的读者，相信通过科学的训练，你也能够成为真正的破案天才。

总之，侦探未必是专业的科学家，但应该是通晓专业知识的“专家”。在一些需要专业科学家的场合，侦探必须知道，如何依赖专业科学家发现物证之间的关系，科学地解释造成现场事实的原因。只有具备一定的科学知识，才能从现场物证中推测出更多的信息，进而提出更合理的侦查假设。

侦探游戏：健脑益智，去伪存真

61. 盲人演奏家迷案

开启游戏

一位演奏家因为长期在艰苦的环境下练琴，视力越来越差，最后不幸完全失明了，但这反而激发了他内心的音乐潜能，他的演出越发受到世人的关注。可世事难料，在一个炎热的夏天，这位盲人演奏家在去一个海边城市的演出途中被绑架了，绑匪索要巨额赎金，相当于他多年演出酬金的总额。

家人东拼西凑交了赎金后，他被放了回来。警察前来调查，这位演奏家告诉警察：“我被关到了一间小屋的阁楼里，能听到海浪的声音。那几天天气非常闷热，不过到了夜晚会有风吹进来。”

警察以此为线索，在海边找到了两间带阁楼的简易小屋，一间窗户朝南，一间窗户朝北，不过这两间屋子打扫得都十分干净，找不出关押人的痕迹。

后来警察又了解到，两间小屋所在的海岸，面向海的方向是南面，北面对着丘陵。盲人演奏家被关的几天都是晴天，而且一点风都没有。

警察对此感到非常不解，为什么演奏家被关押的几天白天海岸边没有风，可他却说晚上听到了风声，莫非是他的听觉也出了问题？带着疑问，警察将情况说给了演奏家听，听完警察的讲述，演奏家不住点头，轻声说："我知道当时被关在哪个小屋了。"

亲爱的读者，你也知道了吗？这里风是关键哦。

头脑发动机

根据地理学相关知识，到了夜晚，陆地上的气温要比海面的温度更快下降，这时冷空气就从丘陵向海面流动，所以在朝向北面的小窗口就会感受到阵阵的清风。而在白天的时候，由于陆地很快变热，风就会从海上吹到陆地。在早晚陆地、海洋气温基本相同的时候，海岸上就处于无风状态了。因此，失明演奏家在晚上能感受到风，那他就是被关在窗户朝北的小屋了。

62. 棉布手套

开启游戏

在一个炎热的夏日午后，警方接到报案，平和公寓305号发生了一起恶性凶杀案。报案人是公寓房主，据他介绍，每月8日是他收房租的日子，可8日当天，他怎么也联系不上租客，发微信不回，打电话不接。于是他在吃完午饭后赶到公寓，用备用钥匙打开房门，发现房里被翻得乱七八糟的，客厅中一把椅子上绑着一个人，头上还套了个麻布头套，已经死亡。他吓得赶紧报了警。

警方赶到现场，发现情况与房东的描述基本相同。警长狄升进屋后，打开那个人的头套，转头问房东："你认识他吗？"

"哦，他就是这里的租客。唉，我真是倒霉！"

"他是做什么职业的，你了解他的工作生活情况吗？"狄升继续问。

房东这会儿连连摇头，心里盘算以后这房子可怎么出租出售啊，最好赶紧结案，便连忙说："他是个医疗器械商，给医院倒腾器材的，这两年医院回扣查得紧，"说着他扫视了一下对面的一群警察，见没什么反应，便接着说，"所以他这两年走背字，生意不好做，听说欠了一屁股债，把房子也给卖了，老婆气得回娘家住，他自己跑出来租房住。"

"你知道他平时跟什么人有过节吗？"

"这倒没太听说，他平时少言寡语的，不太爱聊天，不过有几次我来收房租时，听他说过有几个中介商欠了他很多钱，他怎么要也不还，兴许是这方面的过节。"

狄升让助手小张去查他近几个月来的主要行踪和人员交往情况，不一会儿小张就拿着报告回来了："警长，我们发现他确实欠了很多外债，三个月前为了还债，把自己的一套自有住房低价出售了，至于欠他钱的人，暂时还没发现。"

说到这里，小张有意停顿了一下，以便让狄升好好思考一下，因为若不是如房东所讲的那样有几个欠死者钱财的人，那么他杀的可能性就变小了。见狄升锁紧着眉头，小张便继续汇报："而且我们调查清楚了，死者在两个月前，买了一笔高额的人身保险。"

听到这里，狄升心里已经基本有了判断，可初步的尸检结果显示，死者是窒息死亡。于是狄升又问房东："你刚才进屋时，发现什么异样没有？"

"当然有了，屋里像闯进来十个八个人那么乱，家具东倒西歪的，可气死我了。"房东气鼓鼓地说。

"这些我们已经了解了，还有没有其他的？"

"其他的嘛，哦——我进屋来，就感到这小屋太憋闷了，简直一分钟也不能待。"

"是你打开的窗户吗？"狄升赶紧追问。

这时房东似乎也意识到自己做错了什么，但也只能硬着头皮承认："是啊，要不然我根本进不了屋的，这大热天的，小屋的窗子还都关着，能不闷吗，兴许他是自己闷死的？"

狄升来到小屋墙角的垃圾桶边，低头翻找，果然找到了一副棉布手套，便微笑着对房东说："你说对了，他是自己闷死的。"

房东瞪大了双眼，根本不相信自己的戏言竟能猜中案情原委，也没听说过屋子不开窗能闷死人的，而且屋里的煤气灶也是关着的，死者也不是煤气中毒，那他是怎么自己闷死自己的呢？

头脑发动机

这里还需要借助物理学的相关知识。大家在欣赏歌舞节目的时候，肯定看到过烟雾缭绕、白气飘飘的场景，其实那是一种叫作干冰的物质挥发产生的。干冰是固态的二氧化碳，是在很大压力下将二氧化碳冷凝得到的。我们知道，二氧化碳在常态下是一种无色无味的气体。干冰极易挥发，升华为气态的二氧化碳。在医疗中，干冰往往被用作制冷剂，可以保存需要冷冻运输的药品、试剂等。所以，医疗器械商是有机会接触干冰并了解其性质的。干冰在挥发时，会产生比固体体积大近千倍的气态二氧化碳，虽然二氧化碳无毒，但若是在密闭空间大量释放，将替代氧气从而导致呼吸急促甚至窒息死亡，这就是死者死亡的真正原因，而现场零乱的样子，不过是迷惑人的假象。至于那副棉布手套，是因为干冰温度极低，在长时间直接碰触肌肤的情况下，会造成类似冻伤的伤害，所以需要戴上厚绵手套来进行取放。警长正是基于这些线索，结合他掌握的物理学知识，做出了正确的判断。虽然这个结果对费尽心机的死者有些嘲讽，对死者的家人有些残酷，毕竟人没了，财也没有得到，但真相终须揭晓。

63.坠楼时间

开启游戏

“警长，东四区发生人员坠楼事件，初步判定是一起谋杀案。”

“哦，不会是自己跳下去的吧？”

“死者有车有房，名下十几套房，每月光收租就十万块，怎么会自己跳楼？”

“现场有什么发现吗？”

“没有啊，人都摔得血肉模糊了，连他戴着的那块大金表，都摔得支离破碎了，不过我们发现手表中的长针和短针正指着某个刻度，而长针恰好比短针的位置超前1个刻度。”

“好的，据此我们能推断出他坠楼时间了。”

“啊，警长，为什么呢？”

“多动动脑筋吧！”

头脑发动机

短针（即时针）的一个刻度，相当于长针（即分针）的12分钟，而短针的速度是长针的1/12，假设现在是x时y分，那么可以列出数学等式$y-5x-y/12=1$。

变换上式可得到$60x=11y-12$。

由于x是从0到12的整数，而y也只能取整数。我们检验x的取值范围，发现只有$x=2$，$y=12$才符合整数要求。因此，案发时间是2点12分。

64.鞋底颗粒

开启游戏

“公安局吗，我丈夫失踪了！”

“请不要着急，先将情况简单说明一下。”

“五天前，我丈夫跟朋友外出旅行，至今未归，打他手机也不接。”

“你丈夫的那位朋友叫什么，你与他联系了吗？”

“他叫孙有顺，已经回家了。我向他打听我丈夫的下落，他说不知道，我刚从他家出来，这才报的警。”

“好的，女士，我们马上派警员过去。”

警方找到了孙有顺，询问失踪男子的下落，但孙有顺却说：“五天前我们一起出发去旅行，三天前我们住到了芒砀山脚下的一家农家院，然后他跟我说有件急事需要去处理，结果就一直没有回来。他后来去哪里了，我也不知道啊。”

警方根据孙有顺提供的农家院的联系方式，给对方打了电话，得到的答复与孙有顺的说法相同，后来那名失踪男子再也没有回去住宿。

当地警方部署了大量警力出去寻找，可由于当地较为偏僻，森林茂密，找了好几天都没有收获。警方初步判断，失踪男子已经遇害，很可能是被带到山脚某个林地后被杀的。孙有顺作为头号嫌疑人，已被传唤审讯，但他就是不承认杀人的犯罪事实。

后来警方邀请了一名生物学家协助破案。这名生物学家从孙有顺的鞋底成功提取到了细小的颗粒状证物，从而协助警方找到了失踪男子的尸体所在之处。被害人身上有明显的打斗痕迹，从中提取到了孙有顺的指纹和血液痕迹。

而这个案件侦破的关键是生物学家从孙有顺鞋底提取到的那

些颗粒物，亲爱的读者，你知道它们是什么吗？它们是怎么帮助警方锁定被害人遇害地点的呢？

头脑发动机

这种颗粒物是花粉。花粉是种子植物的微小孢子堆，体积微小。不同种的植物，其花粉形状也是不同的。花粉这类物证很容易黏附在罪犯或被害人的身上，而且一般不易发现。通过植物学检验技术，可以比对检验花粉的微观特征，进行植物种属、生长环境和分布区域等方面的鉴定，现场只要发现并提取这些植物检材，与样本仔细比对检验，便可为确定第一案发现场、揭露犯罪行为提供依据。

在这个案件中，花粉是在嫌疑人的鞋底找到的。这里给大家再补充个知识，即使在人死之后很久，尸体组织发生腐烂，花粉颗粒仍会留在尸骨之中。一些经历数百年的尸体，在鼻腔中仍能找到花粉颗粒。根据花粉的品种不同，就能准确判断出死者死亡的季节甚至是月份。

65.夏日饮料

开启游戏

网络作家冯婷婷最近心情很不好。她在网上连载的都市爱情小说被一家出版社看上，给出了实体书，但出版社却没给她版税，只给了一点可怜的稿费。现在这本书在各大书店和电商平台大卖，可这都跟她没有一点关系了。

一个夏日的夜晚，冯婷婷的版权代理人马青小姐在公寓被害身亡，凶手在她身上连砍了十多刀。警方经过调查，得知案发当晚到过马青公寓的人只有冯婷婷、马青的男朋友常庄来，还有出版社负责此书的编辑罗塔雄。

警方要求他们分别讲述到马青公寓的经过。冯婷婷说，当天晚上九点左右，她去马青那里讨论重新签订出版合同的事情。因为双方分歧很大，马青说合同根本没法再签，她待了不到十分钟就从马青那里走了。警方特意问她动过马青房间内的物品没有，冯婷婷说马青当时给她倒了一杯冰镇雪碧，但她没喝几口，其他的物品她没有动。

常庄来回忆说，那天晚上马青可能因为出版合同的事，心情很不好，只给自己倒了杯白开水，他劝慰马青几句后就离开了，最后想不到会发生这种事。他虽然跟马青在是否结婚一事上有矛盾，可还是很爱马青的。

罗塔雄表示，当天晚上他去马青家，想商量一下跟冯婷婷有没有可能再合作出版一本书。可马青却一直要求重新签订上一本书的出版合同，给冯婷婷分些版税收入，可这根本是不可能的。马青给他倒了杯冰镇雪碧，他喝了一口就直接离开了。

警方对案发现场进行了检查，没有发现任何有价值的线索，作案凶器也被凶手拿走了，屋子里到处都是马青和这三名嫌疑人的指纹，但都不足以证明谁就是真正的凶手。

警方最后注意到玻璃杯上的一条重要线索，虽然三名嫌疑人先后都使用过这个玻璃杯，可杯子上只有马青一个人的指纹，更特别的是，被害人的指纹非常清晰。就是根据这条线索，警方找到了真正的凶手。

聪明的读者，你知道凶手是谁，警方又是怎样找到这名凶手的吗？

头脑发动机

在发现基因图谱之前，指纹痕迹检验技术一直被认为是刑侦界的重要成果之一。具体到这个案件，根据三名嫌疑人的说法，冯婷婷和罗塔雄喝的都是冰镇饮料，而常庄来喝的是白开水。在夏天的夜晚，天气炎热，冰镇饮料会让玻璃杯迅速结出一层水露，这样马青留下的指纹就应该是模糊的。而马青给常庄来倒的是常温的白开水，对玻璃杯没有影响，杯子上会留下清晰的指纹。因此，凶手就是喝白开水的常庄来。

66. 向后倾倒

开启游戏

一辆集装箱货车在经过一个铁路道口时，与疾驰而来的列车相撞，列车的前半段几乎全部脱轨，车上受伤的人很多，但都没有生命危险，只有坐在最后一节车厢里的一位男子因伤势过重而死亡。

这名男子是一家上市公司的总经理，姓周，当时正要去另一个城市签署一项合作协议。

经过现场勘查，警方对周某的死产生了怀疑。警官询问与周某同行的助手李科长。李科长对警官说，当时已近中午，他陪同总经理到列车中段的餐车吃饭。刚走了几步，就发生了撞车事故，他看见总经理突然往后倾倒，后脑勺重重撞到桌角，等他反应过来，总经理已经奄奄一息。

警官等李科长说完，便逮捕了他，因为他说了谎话。

警官为什么认定李科长说了谎话？

头脑发动机

这个案子需要一些物理学的基础知识。当行进中的列车突然遇阻时，车上的人就会由于惯性而向前运动，绝对不会向后倾倒的，因此李科长肯定说了谎。

67.《致爱丽丝》

开启游戏

“警长，帮帮我们吧！”

“你们保险柜打不开，应该去找开锁公司啊。”

“都找了，他们都打不开这个欧洲进口的保险柜。保险柜的密码是英文字母组合，老头子突然去世，他那些文件什么的，都存在这个保险柜里，平时他根本不让我们靠近那个保险柜，更别提告诉我们密码了。”

“好吧，我过去看看。”

下班后，狄升警长驾驶着那辆黑色长城轿车，来到了市郊的别墅区。当他走进这栋别墅时，发现一楼大厅中赫然摆着一架黑色三角钢琴，显得特别气派，但老人的那几个子女这时却有些萎靡不振，一个个都是心事重重的样子。毕竟父亲的文件、股权证等都放在保险柜中，可以说他们的希望也都被紧紧锁在了里面。

狄升跟着他们走上二楼，发现保险柜就在书房的角落，这个保险柜的款式自己也没有见过，想靠通常的手段打开密码锁，显然是非常困难甚至是不可能的，而要是用工具强行破坏保险柜，又怕把里面的重要文件弄坏。狄升注意观察书房的摆设，看了看日历，摸了摸座钟，都没有什么特别之处，他又逐一查看书柜中的书，也没在书中发现标记或是暗语之类的，不过狄升还是在老人的藏书中发现了与众不同之处。

“你家老人喜欢音乐吗？”狄升问。

“是啊，他常跟我们说，他小时候家里没条件学音乐，等生活安定之后才有机会接触音乐，因此他买了很多钢琴书。”一个身穿白裙子的女子抢着回答，她应该是老人的女儿，报案的应该是老人的儿子。

“哦，他有什么特别的喜好吗？”狄升转过身，直接问这位女子。

“他最喜欢贝多芬了，贝多芬的奏鸣曲、交响曲，他都爱听，他自己还会弹一两首贝多芬的曲子呢。”女子骄傲地说。

“哦，他会弹哪首？”

“《致爱丽丝》，这是他的最爱了。”女子双手合十，放在胸前，仿佛在回忆父亲在钢琴前深情弹奏的情景。

“谢谢你啦，我已经知道保险柜的密码了。”狄升的耳畔仿佛响起了《致爱丽丝》优美的音乐声，而他这句淡淡的话，却激起了身旁其他子女的热情。他们都用期盼的眼神紧盯着狄升，希望他立刻把密码说出来，可是狄升却悠然地对穿白裙的女子说：“你还记得《致爱丽丝》的主旋律吗？”

“当然了，”说着女子就哼唱了出来，“mi re mi re mi si re do la……”

“谢谢你告诉我们密码。”狄升微笑着向女子点头示意。

其他人仍然是一脸茫然，可女子却径直走开了。她有些心急，但不是着急去打开这个保险柜，而是想立刻下楼去弹一曲《致爱丽丝》。

头脑发动机

在五线谱上，作曲家用C、D、E、F、G、A、B这七个音名记号，来分别对应do、re、mi、fa、sol、la、si这七个唱名，

《致爱丽丝》的主旋律是“mi re mi re mi si re do la”，就对应“EDEDEBDCA”这一串字母。

68. 雨后彩虹

开启游戏

“天气好闷啊，马上就要下大雨了。”

“是啊，那边乌云已经飘过来了，咱们先到那家小店里避避雨吧。”说着警长狄升就拉着警员小张来到街边的一家杂货店避雨。他们刚执行完任务，由于离得近，就想步行回公安局，不料正好赶上这场雨。

雨过天晴，天空出现了一道彩虹，这真是非常难得，人们纷纷走上街头，欣赏起这道美景。可有人却在趁机搞破坏，狄升和小张刚走出小店，就看见有个蒙面人从旁边的珠宝店中冲了出来，马上混进了街上的人群中。狄升他们立刻追了上去，根据刚才看到的蒙面人的体形，在人群中确定了三名嫌疑人。狄升将这三名嫌疑人带到一边，分别问他们刚才在做什么。

路人甲说：“我当时在银行ATM机那里取款，取完款，看到这边围了好多人，就走过来看看。不知道为什么你们要抓我，我可就是来看热闹的。”

路人乙说：“这不刚下完雨，大家都在看彩虹嘛，我当时也在欣赏彩虹，但是阳光太刺眼了，于是就想到街边的杂货店去买副墨镜戴。”

路人丙说：“你们肯定闹误会了！我是到过珠宝店，可我是想给女朋友买个手镯作为礼物送给她，但这里的手镯太贵了，于是就没买。刚走出珠宝店，就被你们抓了，我真的是无辜的啊！”

狄升听完他们的讲述，当场就知道谁是真正的抢劫犯了。

亲爱的读者，你知道谁在讲话中露出了破绽吗？这需要一点气象学知识啊。

头脑发动机

彩虹是一种光学现象。当阳光照射到半空中的水珠时，光线被折射及反射，在天空上形成拱形的七彩光谱。人必须站在太阳和彩虹的中间，且面向彩虹，才能看到彩虹，这就是说，彩虹出现在太阳的对面。因此路人乙说阳光太刺眼了，需要戴墨镜才能看到彩虹的说法是错误的，路人乙撒了谎，他就是那个抢劫犯。

第九章

快速抉择，提升临场应变能力

技巧简介：及时采取措施应对复杂案情

案件的发生是一瞬间的事，破案的过程大多是需要一段时间的，但也有些案件，需要刑侦人员抓住转瞬即逝的机会，快速破案。

面对突如其来的问题，侦探们需要在纷繁复杂的线索中快速理出头绪，做出反应，考验的是应变能力。遇到这种突发状况，要保持冷静客观，最重要的是，要在电光石火间运用好本书之前章节所提到的那些侦查方法与思维方式。

在与诡计多端的犯罪分子面对面做斗争的时候，如果有勇无谋，或者虽然有谋而不能高出对手一筹，便不能取得胜利。因此，在侦查工作中，一定要注意施计用谋，充分发挥自己的聪明才智。比如，为了达到特定的侦查目的，可以采取与自己意图相反的行动去迷惑犯罪分子，然后才按真正意图去行动。将真实意图隐蔽起来，使对方产生错觉，然后再乘机获取所需的材料和证据。

我们要根据时间、地点和犯罪分子的不同情况，有针对性地灵活运用侦探知识和计谋，切忌不顾客观情况生搬硬套，要找准时机，等待对方犯错。

看侦探小说的过程不光让我们感到愉悦，其中破解侦探谜题的方法还有助于我们在日常的工作生活中，科学守法地运用相关知识与计谋，从而获得更幸福的生活。祝大家能够活学活用，做个生活中的“大侦探”。

侦探游戏：审时度势，随机应变

69.深夜断案

开启游戏

警长狄升和警员小张正在街上巡逻，最近城里接连发生了好几起恶性案件，所以警方加强了日常巡逻。他们正并排走在一条小街上，突然听到前面胡同中传来一阵女子的呼救声："救命啊，抢劫啦！"

狄升和小张立刻跑进那条胡同，胡同里没有路灯，漆黑一片，只见一个女子还在那里尖叫，胡同口另一侧有两个人正在扭打，狄升让小张前去制止住他们，并示意女子冷静下来，询问她刚才发生了什么事。

女子用颤抖的声音说："刚才我下夜班，想从胡同抄近路回家，哪知刚走到一半，就有个人跑出来要抢我的项链，我不给他，他就狠命地给拽了去。我喊叫的时候，又来了个人，他见我被抢了，就去追那个人，两人就打起来了。"

这时，小张把打架的两人也带了过来。他们虽然被拉开了，嘴上却开始对骂，而且都指责对方是抢劫犯，自己见义勇为抓住了对方。

狄升心里感到好笑，怎么现在坏人都开始明目张胆地说自己是英雄了，于是将两人还有被抢的女子都带到了街上的光亮处。狄升让女子辨认一下刚才是哪个人抢了她的项链，哪个人伸的援手。

可女子说刚才胡同里太黑，而且事发突然，她根本就没看清两人的面容，他们说话的声音自己也辨别不出来。这可急坏了一旁的小张，今天晚上他们还有巡逻五条街道的任务呢，说不定其他地方正有紧急情况发生，便不住催促女子再仔细回想一下。狄升知道小张的心思，只见狄升不慌不忙地拿起那条项链，对女子说："好了，不用着急了，现在项链给你找回来了，你拿着项链回家吧，我们还有其他案子要办理。"

他这么说，让所有人都吃了一惊，警察还能私了吗？女子迟疑着接过项链，想要走却不太敢。刚才扭打的两个人中，个子稍微高的那个顿时脸红了起来，开始叫嚷起来："什么警察啊，要你们有什么用，放着抢劫犯不抓，就想自己省事啊？"

另一个人则低头默不作声，转身就想离开。狄升眼疾手快，一把抓住了他，说道："你上哪里去啊，跟我们回公安局老实交代吧。"

到了公安局，经过案底查询，发现这个人是惯犯，他也交代了刚才实施抢劫的行为。

亲爱的读者，你知道狄升警长在昏暗的小街上时，是怎样快速做出判断的吗？

头脑发动机

狄升故意说把项链还给女子，其他事情不再追究，还要去办理其他案件。他这种违反常理的做法，自然会遭到见义勇为者的谴责，而实施抢劫的人则会暗自感到庆幸，想要立刻脱身。狄升用这句话当场测试了两个人的反应，从而做出了正确判断。

70. 珠宝大盗

开启游戏

“动车上的盒饭越来越好吃了，是不是，警长？”

“跟你说了多少次了，在外面出差就不要叫我警长了。”

“是，警长！”警员小张一脸兴奋，一边吃着面前的盒饭，一边喋喋不休地跟坐在对面的警长狄升说个没完。狄升也不想阻止他，毕竟小张近来成长迅速，屡屡协助自己侦破大案，这次一起去外地参加侦查研讨会议，对小张来说也算是一种放松了。

正当人们沉浸在旅途的欢乐中时，列车广播突然响起：“各位乘客，本车刚刚发生一起乘客财物失窃事件，请各位乘客马上回到自己的座位上，并配合执勤警察进行检查！”

“哎，怎么能这样广播呢，这不是在提醒窃贼做好准备吗？”

小张摇着头，一副不屑的样子。

狄升刚要说什么，就听坐在走道另一边的一个时髦女郎“噗”一声笑了出来：“大侦探，你说得可真对！”

这时两名执勤警察带着一位神情焦急的女士走了过来。时髦女郎赶紧起身迎了过去：“阿英，怎么了，是你丢东西了吗？”

那位女士一见到她，立刻抱着她哭了起来：“小芳，你怎么也在这儿？唉，那可是我刚从香港买回来的珠宝，花了一百多万元哪！”

“我去了趟深圳。你是准备结婚吗？”

“是啊，现在珠宝丢了，这婚可怎么结？”

“别着急，这不有警察嘛，这趟列车中途又没停车，小偷肯定还在车上。”

两名警察检查完旁边乘客的手提箱和随身物品，对这个叫小芳的女郎说：“女士，请打开你的随身行李箱接受检查。”

小芳指了指行李架上一个粉红色行李箱说：“喏，在上面，你们自己拿下来吧！”

警察刚要伸手去拿，就听阿英大声喊：“咦，怎么我的箱子在这里！”

众人顿时警觉起来，只有小芳淡然地笑了笑：“阿英，你忘了吗，咱们几个好闺密都有这个箱子啊，当时是咱们一起去买的。”

警察没有听她解释，把箱子拿下来就里里外外检查起来，箱子里面不过是几件女士的日常衣服还有些洗漱用品，根本没有珠宝的影子。阿英这时不好意思起来：“小芳，是个误会，你别在意啊！”

“哪里，你快去其他车厢找找吧，仔细些，一定要找到啊！”

两名执勤警察又带着阿英继续向前搜查，小芳坐在座位上悠闲地喝起了奶茶，小张则开始滔滔不绝地分析这起珠宝失窃案可能的作案手段，他一半是说给狄升听的，一半是说给这个时髦女郎听的。狄升听得直打哈欠，而小芳则不时咯咯地笑出了声，她朱红的嘴唇不住上翘，现出两个浅浅的酒窝，里面藏着甜蜜和得意。

“终于下车了，这一路太折腾了。”小张伸了伸胳膊，将行李搬到了站台上。

狄升也感到很疲惫，本来想在车上好好休息一下，结果列车上的执勤警察来来回回搜查了好几遍，折腾了好几个小时，最后也没找到那位女士丢失的珠宝。他们正站在站台上准备出站时，突然看到两个熟悉的身影，原来是丢失珠宝的阿英还有那个时髦女郎小芳，小芳这时披上了猩红色的风衣，更衬托出了窈窕的身材。而阿英则靠在小芳肩膀上，似乎还在哭泣，毕竟丢失了结婚用的一百万元的珠宝，又怎么能不伤心呢？她们的行李就堆放在脚边，除几个平常的旅行箱外，还有两个粉红色的行李箱。

狄升一看到这情景，赶忙招呼站台上的执勤警察：“快，快去抓住那个珠宝大盗！”

望着狄升手指的那个所谓珠宝大盗，小张一脸疑惑，怎么会是她？

亲爱的读者，你知道狄升指的珠宝大盗是谁吗？狄升是怎样看穿这个大盗的作案手法的呢？

头脑发动机

珠宝大盗就是阿英的闺密小芳，当狄升看到站台上阿英和小芳放在一起的行李箱时，就明白了小芳使的是调包计。小芳先在列车上将阿英的珠宝偷放到阿英自己的粉红色行李箱中，以此躲避列车执勤警察的搜查。因为她断定，警察接到报案人丢失珠宝的报警，一般不会仔细搜查报案人装衣物的行李箱。等到列车到站后，小芳再以阿英闺密的身份，前去安慰阿英，顺便用事先准备好的那只一模一样的粉红色行李箱与阿英的行李箱进行调换，这样珠宝最终就会落到她那里。即使阿英回来发现自己拿错了行李箱，小芳也可以在事后将取出珠宝的行李箱交还给阿英，继续做她的好闺密。

71.巧用广播

开启游戏

狄升警长和警员小张正坐在一列疾驰的火车上，车窗外的青山大川迅速地往后退去。“真希望能像它们一样，一直活在过去啊。”小张看着窗外不禁说道。

“可是案件总在前面等着我们哪。”狄升话音刚落，一名列车乘警就急匆匆向他走来，低下头在他耳边小声说了几句。狄升听完立刻站了起来，示意小张也跟着他过去。

他们来到列车前部的贵宾车厢，这里已经被封锁了，乘客都被有序疏散到普通车厢中。只见这个车厢里到处都是血迹，一名中年男子躺在座位上，胸前还插着一把明晃晃的尖刀。狄升转头向叫他过来的乘警询问情况。据乘警说，刚才有人看到一名男子戴着帽子，来到这节车厢后，找到被害者，直接将他刺死。从被害人的随身行李判断，他是一名帮派人物，似乎是前去与人进行谈判，凶手应该是敌对帮派雇来的杀手，一刀致命。

这件事发生在列车上影响很恶劣，车上人员复杂，凶手有可能对其他乘客造成人身伤害，所以列车上的乘警认为还是低调处理为好，于是才把狄升叫过来想让他协助办案。

“那凶手怎么办，这样封锁处理，不去追查凶手，肯定会让他跑掉的。”一旁的小张问道。

狄升觉得乘警的做法也有可取之处，这件事情还是要巧妙处理，而且要尽快捉拿到凶手，若是等列车在半小时后的下一个车站停靠，凶手肯定会混在人群中逃之夭夭的，再破这个案子可就难了。于是他当即向这位乘警小声交代了几句，然后也给小张交代了任务。

过了一会儿，列车上的广播忽然响了起来：“各位乘客请注意！各位乘客请注意！贵宾车厢有一位乘客突发重病，生命垂危，车上如果有医生同志请速去协助抢救……”

广播过后，有很多人向列车前部的贵宾车厢赶来。化装成医生的小张堵在车厢门口，向前来要求参与抢救的人说：“病人已经苏醒过来，他正向乘警述说刚才要谋杀他的人！”

听到这话，人群中有一个乘客迅速转身离开，狄升紧跟在他身后，将一副手铐麻利地铐在了他手上。事后查明，这人正是持刀杀人的凶手。

亲爱的读者，你知道狄升警长是如何设计，引得凶手现身的吗？

头脑发动机

狄升警长叫列车乘警播放广播，故意说贵宾车厢有人发病需要医生实施抢救。凶手听到刺杀对象还活着，便扮作医生想过去看个究竟。而当他听说病人已经醒过来，正在向警方叙述案情时，害怕被认出来，所以想赶紧离开，从而在惊慌之中暴露了自己。

72. 投币电话

开启游戏

这天晚上，警员小张负责值夜班，正无聊时，电话突然响了，小张拿起话筒，电话那头的人呼吸急促，似乎受到惊吓，非常紧张。

小张首先问道："您好，这里是公安局，请问您有什么需要帮助的吗？"

对方战战兢兢地说道：“警官，有人要杀我！”

“请您详细说明一下。”

“我感到有人暗中监视我，今晚已经是第三天晚上了，那个人又打电话给我，又恐吓我了！”

“他是怎么恐吓您的？”小张问。

“他总是说一句话：‘江浩，你要记住，东西可以乱吃，话可不能乱说。’然后就挂断电话。”

“江先生，您觉得会是有人和您开玩笑吗？”

“我拿性命保证，这绝对不是在开玩笑。我可以告诉你，我知道他们为什么要杀我，因为我知道一些事情，我知道陈有贵是被谁杀死的！”

这句话让小张一下子打起了精神，因为三天前本市著名的富商陈有贵被人杀死在家中，报纸、电视等媒体并没有对此进行报道，而警方目前对这个案子还没什么头绪。

小张认真地问道：“江浩先生，请问您现在在什么地方？”

“我在我家附近的公用电话亭里，用的投币电话。我不敢在家打电话，也不敢用手机，害怕被他们窃听，他们可都是些神通广大的人。哎呀，我不能和你再多说了，我能感觉到那个杀手就在这附近。万一被他发现我打这个电话我就死定了。”

小张赶紧问道：“请等等，江先生，您住在什么地方？”

江浩抱怨道：“倒霉，通话时间到了，我就剩下一个硬币了，你稍等，”接着听筒里传来当啷一声，显然对方是在把硬币投进电话机，“我住在本息路114号……可这些都不重要，重要的是我知道是什么人杀了陈有贵，因为那天我就在现场……”江浩因为紧张，有些说不清楚话了。

小张当机立断说道：“您待在原地千万别乱走，我这就去找您。”

“大半夜的，我可不敢孤零零一个人在这个地方待着，不行，我还是决定回家。啊！但是家里也不安全，我到底该怎么办啊？”江浩有些语无伦次了。

小张说道：“别紧张，马上找一辆出租车，到公安局来就安全了。我们这里这么多警察，绝对能保证您的安全。”

半小时后，江浩还没有出现。从本息路到公安局的路并不远，半夜又不堵车，按理说早就该到了。小张正在焦急之中，桌上的电话却又响了。

小张拿起电话，原来还是江浩。

小张问道：“是江先生吗，我们刚才通过话，您现在在哪儿？怎么还没过来啊？”

电话里的江浩又喘又咳地说道：“我在另一个公用电话亭，太晚了，周围都没有出租车，我只有跑过来了，夜里的路看上去和白天不太一样，现在我好像迷路了。”

小张叹了口气说道：“江先生，您不用着急，要不我们派辆警车去接您吧，请说一下您四周的明显建筑物。”

江浩支支吾吾地说道：“我想我还是不去了，这边有出租车了，我干脆打辆车直接回家吧。这事我还得好好想想，我明天早上再来找你。”

小张追问道，“你不怕危险了吗？刚才您还说觉得杀手就在您家附近。”

江浩的声音比起刚才来，确实是镇静了许多，中气足了好多：“可能是我的错觉吧，对不起，我这两天脑子有点乱。还是明早吧，明早九点，我到派出所找你。”

小张有些无奈：“如果您真觉得没事的话，那就回去吧。不过您到家后，请务必再在您家旁边的公用电话亭给我打一个电话，这样我才知道您安全回家了。”

江浩轻松地说道：“你放心吧，我会打给你的。谢谢你，警官。”

放下电话，小张马上通知刑警队：“立刻去本息路114号的公用电话亭，不论什么人进去，都要抓起来，那人是陈有贵谋杀案的真凶。”

聪明的读者，你们知道小张为什么这么说吗？

头脑发动机

江浩之前说过，他身上只剩下一枚硬币，而且已经用掉了。可第二次打电话的时候，江浩却说他还在公用电话亭。显然第二次打电话的人不是江浩了。真正的江浩在两个电话之间的这段时间已被凶手杀害了。凶手冒充江浩打电话给警察是为了稳住警察。而机智的小张将计就计，让假的江浩回家后给他回电话。凶手为了拖延警方发现江浩死亡的时间，必须回到江浩家旁的公用电话亭打这个电话，这样就会自投罗网。

73. 一语露馅

开启游戏

经过了这么长时间高强度的探案侦查工作，警长狄升终于迎来了难得的假期，他坐上了开往桂林的高铁列车，一路上风光旖旎，青山接绿水，好不惬意。下午三点钟的时候，列车缓缓驶进一座现代化的车站，车站很新，但站台很小，列车长在广播中提醒大家，此站只停留三分钟，请上下车的乘客们抓紧。狄升从座位上站了起来，走到站台上去活动一下，呼吸一下新鲜空气。就在他伸个懒腰的时候，一位刚下车的女士突然叫了起来："我的行李箱不见了！"

她的声音很大，样子很着急，乘务人员立刻走上近前询问，狄升也好奇地走了过去。只见这位女士紧张地说："我下车时拿了四个行李箱，可一转眼就少了一个。"

女士边说边朝四处张望，想找到自己的行李箱，果然她有所发现。这位女士看到一个小伙子提着的箱子很像自己的，便快步冲了上去，用双手死死地抓住小伙子的胳膊，大声问："这是你的行李箱吗？"

小伙子愣了一下，马上道歉说："对不起，我拿错了。"他松开提着行李箱的手，将行李箱放到地上后，就朝出口走去。

狄升见状，立即追了过去，并对站在出口处的警务人员喊道："他是小偷，快抓住他！"

亲爱的读者，你知道警长狄升是如何在现场第一时间就辨别出这名小偷的吗？换作是你，你能做到吗？

头脑发动机

在这短暂的停车间隙，那位女士找到自己的行李箱后，不会再深究小伙子的过错，毕竟他宣称是自己拿错了箱子，这在人流密集的场所也是有可能发生的。但是这里的不寻常之处，则只有具有侦探视角的人才能看出来。既然那个小伙子说他拿错了行李箱，按照常理，他应该赶紧回到车厢去取自己的行李箱，但他却径直朝出口走，从而暴露了他是窃贼。

74. 老公回家

开启游戏

李艳丽最近挺烦的，单位天天加班，活多钱少，每天晚上回到租住的公寓里，都十一二点了，根本没有时间谈男朋友。原来单位不忙的时候，她七点多回来还能跟隔壁房间的小刘一起去逛逛街，说说心里话，现在连这点娱乐消遣都没有了。

可这天晚上，她却着实吓坏了。她刚加完班，拖着疲惫的身躯开锁进到自己的公寓，就被眼前的一切惊呆了。只见屋子被翻得乱七八糟的，东西散落了一地，莫非是进贼了？等她双脚一踏入房门，一只大手就从门后伸了过来，她本能地大喊了一声，之后就被这只手堵住了嘴巴，再也不能出声了。

黑影从门后闪出，轻轻关上门，然后贴着李艳丽的耳朵说，“要活命的话，就别乱喊，小心我一刀捅了你！”

李艳丽感到自己后腰上确实有个尖利的东西顶着，连忙说，“大哥，放心，我不会喊的。”

“我只求个财，你快把现金、银行卡、戒指项链这些东西给我找出来吧，刚才我没翻到多少，想让我空手走，可不行啊。”说着这名男子闪到了李艳丽身前，冲她狞笑着。

李艳丽感到情势非常不利，自己独处一室，男子比自己高大强壮得多，而且手上还拿着把匕首，正当她快速思考着该怎样办时，门外却响起了敲门声：“艳丽，是你吗，刚才没事吧？”

一听到是隔壁小刘的声音，李艳丽顿时轻松了很多，援军可算到了。男子却紧张起来，他重新用刀逼住李艳丽，小声在她耳边说：“小心点，别乱讲话，告诉她没事，让她快走！”

李艳丽点了点头，然后转向门口，对着门外说：“小刘啊，没事的，刚才我一进屋，发现我老公出差回来了，高兴坏了。”

门外沉默了片刻，随即小刘说道：“哦，那就好，明天见吧！”

男子很满意李艳丽的配合。一会儿之后，正当他把这屋里值钱的东西一件件往皮包里放的时候，大门却“砰”的一声被撞开了，几个警察迅速进入，将这个劫匪制伏了。

聪明的读者，你知道李艳丽是怎样巧妙地让小刘知道了自己正处在危险之中的吗？

头脑发动机

李艳丽对门外的小刘说自己老公出差回来了，可是通过平常的聊天交往，小刘知道李艳丽连男朋友都没有，怎么会突然有老公呢？这里面一定有问题，李艳丽这么说，是在向小刘暗示自己家中来了个不速之客，于是小刘马上就报了警。

75. 武陵源写生

开启游戏

刘吉和赵德恩是在一次画廊举办的画展上认识的，两人都有本业，业余时间喜欢画画，这样既能养家糊口，又能继续发展自己的爱好。相似的经历让两人越走越近，每次外出写生两人都是结伴而行。

这一次他们相约到张家界武陵源那里去写生，他们没有走景区开发的路线，而是爬上了一座高高的山峰，真是无限风光在险峰啊，那里的景色确实与众不同。两人支起画架，拿起画笔，就开始沉浸在绘画的世界中。不一会儿，赵德恩就画完了一幅风景油画的初稿，他对这幅画很满意，想远距离欣赏一下自己的作品，便不自觉地向后退了几步。赵德恩越看越觉得自己的这幅画作是搞创作以来画得最好的一幅，不禁完全沉浸在其中，又往后退了几步以更好地观赏。他已经完全忘记身后就是万丈悬崖了，再退一步就会摔得粉身碎骨。

正好起身观望的刘吉发现了险情，但这种时刻，大声喊叫可能会使同伴因受到惊吓刺激而加速后退，跑上前去阻止也已经来不及了。

刘吉灵机一动，快速做出了一个举动，从而挽救了赵德恩的生命。

亲爱的读者，你知道刘吉做了什么动作吗？换作你，又会怎么做呢？

头脑发动机

刘吉拿起赵德恩画架上的油画，作势就要往地上摔，赵德恩自然会气愤地冲过来保护自己的得意画作，这样就会使他摆脱险境。

76. 耳环和项链

开启游戏

“写得太精彩了。”小吴揉了揉眼睛，恋恋不舍地合上了手中的书，那是一本阿加莎·克里斯蒂的《无人生还》，她正看到法官披着红窗帘被人杀的那段，实在不想就此结束。可列车已经到站了，她又回到自己生活的城市。

她随着人流挤出火车站，随手打了一辆出租车。出租车穿行在夜幕笼罩的都市。

“就是这儿！”在一个高档社区入口，小吴让出租车停下了，待车开远，她无奈地提起自己的小行李箱，往小区旁边昏暗的巷子走去。本来车也是可以开到自己住的那边平房区的，可小吴每次都是在这个社区门口下车，宁可多走十几分钟路，也不愿别人向自己投来异样的目光。

在这条小巷中走动，静得能听到自己高跟鞋鞋底踩踏石板的声音。突然，从阴暗处冲出来一个矮胖的男人，手里拿着一把明晃晃的尖刀，扑了过来。

“你想要干什么？”小吴很想尖叫，但她看了那么多侦探小说，知道这时候大声叫嚷只会让劫匪慌张，干出不可收拾的事情来。

果然，男子看她并不太紧张，也就随意地拎着刀，上下打量了小吴一遍，发现她戴着一副亮闪闪的耳环，于是说：“我要你的耳环，把它们摘下来！”

小吴紧锁着的眉头舒展了，她努力用大衣的衣领掩住自己的项链，同时用另一只手摘下自己的耳环，一下子把它们扔在地上。

“拿去吧！现在我可以走了吧？”她冷静地问道。

男子见她对耳环毫不在乎，只是试图保护那串项链，于是又命令道：“把你的项链给我！”说着还把刀往小吴身上比画了几下。

“先生，它一点也不值钱，给我留下吧。”小吴用乞求的语调说道。

这反而激起了劫匪的兴趣："废话少说，快点拿来！"

小吴用颤抖的双手摘下自己的项链，极不情愿地递了过去。劫匪接过项链，转身就跑得没影了。看他跑远了，小吴弯腰拾起了地上的耳环，一丝笑意浮现在她的嘴角。

亲爱的读者，你觉得是那副耳环值钱还是那串项链值钱呢？小吴为什么要故意那么做呢？

头脑发动机

故事中的小吴保护项链是假，保护耳环是真。她使用侦探的思维方式，巧妙利用了劫匪的心理需求，故意表现出对耳环不在乎，实际是为了保护价值更高的耳环。